Sujeitos eclesiais
sal da terra e luz do mundo

GRUPO DE REFLEXÃO DA COMISSÃO EPISCOPAL
DE PASTORAL PARA O LAICATO DA CNBB

SUJEITOS ECLESIAIS
sal da terra e luz do mundo

Reflexões sobre o Documento 105

Ano nacional
do Laicato
2018

Paulinas

Dados Internacionais de Catalogação na Publicação (CIP)
(Câmara Brasileira do Livro, SP, Brasil)

Sujeitos eclesiais: sal da terra e luz do mundo: reflexões sobre o documento 105: Ano Nacional do Laicato / Comissão Episcopal de Pastoral para o Laicato. -- São Paulo: Paulinas, 2017. -- (Coleção ano do laicato)

ISBN: 978-85-356-4228-5

1. Laicato - Igreja Católica 2. Ministério leigo 3. Missão da Igreja 4. Vida cristã 5. Vocação I. Comissão Episcopal de Pastoral para o Laicato. II. Série.

17-09104 CDD-253

Índice para catálogo sistemático:
1. Laicato : Ministério pastoral: Cristianismo 253

1ª edição – 2017
1ª reimpressão – 2017

Direção-geral: *Flávia Reginatto*
Editores responsáveis: *Vera Ivanise Bombonatto*
João Décio Passos
Copidesque: *Ana Cecilia Mari*
Coordenação de revisão: *Marina Mendonça*
Gerente de produção: *Felício Calegaro Neto*
Produção de arte: *Claudio Tito Braghini Junior*

Nenhuma parte desta obra poderá ser reproduzida ou transmitida por qualquer forma e/ou quaisquer meios (eletrônico ou mecânico, incluindo fotocópia e gravação) ou arquivada em qualquer sistema de banco de dados sem permissão escrita da Editora. Direitos reservados.

Paulinas
Rua Dona Inácia Uchoa, 62
04110-020 — São Paulo — SP (Brasil)
Tel.: (11) 2125-3500
http://www.paulinas.org.br
editora@paulinas.com.br
Telemarketing e SAC: 0800-7010081
© Pia Sociedade Filhas de São Paulo — São Paulo, 2017

Sumário

Prefácio 7
Dom Severino Clasen

Apresentação 11
Comissão Episcopal de Pastoral para o Laicato

I – O Ano do Laicato e os cristãos leigos e leigas do Brasil 15
Laudelino Augusto dos Santos Azevedo

II – Não há Igreja sem *sujeito* 27
João Décio Passos

III – O ministério leigo na comunidade eclesial 37
Celso Zacarias

IV – Indispensável participação política dos cristãos:
desafios e esperanças 47
Daniel Seidel

V – Espiritualidade e política: cinco apelos aos cristãos
leigos e leigas 57
Lúcia Pedrosa-Pádua

VI – Os desafios da organização do laicato como
sujeito eclesial 69
Marilza José Lopes Schuina

VII – Os impasses eclesiais:
o clericalismo como centralização dos serviços e
como mentalidade reinante na Igreja 81
Padre José Ernanne Pinheiro

VIII – Os desafios dos movimentos e novas comunidades 93
Gilbraz Aragão

IX – O caminhar dos cristãos leigos e leigas:
avanços, recuos e desafios 103
Geraldo Aguiar

X – "Sal da terra, luz do mundo" (Mt 5,13-14) 115
Dom Pedro José Conti

Prefácio

A Comissão Episcopal de Pastoral para o Laicato, entre os anos 2013 a 2016, refletiu sobre a realidade dos cristãos leigos e leigas na Igreja e na sociedade. Os bispos assumiram a tarefa de apresentar um documento para a Igreja no Brasil falando sobre os cristãos na Igreja e na sociedade como sal da terra e luz do mundo.

As inúmeras investidas do Papa Francisco, em prol de uma Igreja missionária e que valoriza os batizados, trouxe reflexões exaltando a importância dos leigos e leigas na Igreja e na sociedade.

Na 54ª Assembleia Geral (2016), os bispos aprovaram o documento a ser conhecido e assumido por todos os batizados para serem sal da terra e luz do mundo. "Incentivamos os irmãos leigos e leigas a acreditarem na própria vocação como sujeitos de uma missão específica. A sociedade humana em construção e a Igreja em missão contam com cristãos convictos da própria responsabilidade, dispostos a acolher desafios, alegres em abrir caminhos novos na construção do Reino do Senhor Jesus, reino da verdade e da vida, reino de justiça, do amor e de paz" (doc. 105, n. 277, CNBB).

É rica e bela a Igreja de Jesus Cristo que acolhe, cuida e protege seus filhos que, pela graça do Batismo, são sujeitos ativos nesse corpo místico, onde Jesus Cristo é a cabeça. O sentimento filial nos reúne ao redor do Mestre Jesus que nos envia a sermos sal da terra e luz do mundo.

O Ano do Laicato quer ser grande força para que todos na Igreja sejam célula viva do corpo místico, onde Cristo é a cabeça. É preciso que todas as pessoas de boa vontade estejam envolvidas, participando da mobilização em torno da fé que nos convoca e encoraja a sermos discípulos missionários de Jesus Cristo na Igreja e na sociedade. Oportunidade privilegiada para que os cristãos leigos e leigas assumam a dianteira, e programem, busquem ações convincentes para que, em comunhão com os organismos do povo de Deus, deem início a um novo tempo.

Nos indicativos e encaminhamentos de ações pastorais, o Documento 105 assume: "Efetivar o processo de participação, dos vários sujeitos eclesiais, contribuindo para a consciência e o testemunho de comunhão como Igreja, tornando regulares as Assembleias Nacionais dos Organismos do Povo de Deus (ANOPD), que vêm acontecendo desde 1991 e que reúnem os dirigentes da CNBB, da Conferência dos Religiosos do Brasil (CRB), da Comissão Nacional dos Presbíteros (CNP), da Comissão Nacional dos Diáconos (CND), da Conferência Nacional dos Institutos Seculares (CNIS) e do CNLB. Falando sobre 'a necessidade e a beleza de caminhar juntos', o Papa Francisco afirma: 'O caminhar da sinodalidade é precisamente o caminho que Deus espera da Igreja do terceiro milênio'" (n. 274, c).

Do testemunho da unidade na diversidade de serviços, dons e expressões de vida, nasceu o desejo de convocar toda a Igreja para o Ano do Laicato em 2018. Motivados pelos 30 anos do Sínodo Ordinário sobre os Leigos (1987) e a Exortação Apostólica *Christifideles laici*, de São João Paulo II, sobre a vocação e missão dos leigos na Igreja e no mundo (1988), este ano terá como eixo central a presença e a atuação dos cristãos leigos e leigas como "ramos, sal, luz e fermento" na Igreja e na sociedade (cf. 274, i).

Como legado, propomos um ano de intensa mobilização de toda a sociedade, pois, na sua maioria absoluta, são os leigos e as leigas, seguidores de Jesus Cristo.

"O Ano do Laicato deve despertar discípulos missionários para evangelizar os ambientes onde as pessoas vivem, trabalham, estudam, convivem e se desenvolvem. Na Encíclica *Redemptoris missio*, São João Paulo II identifica alguns desafios prioritários à missão evangelizadora da Igreja no mundo contemporâneo. Ele os chama de 'modernos areópagos'. Lembra que o Apóstolo Paulo, depois de ter pregado em numerosos lugares, chega a Atenas e vai ao areópago, onde anuncia o Evangelho, usando uma linguagem adaptada e compreensível para aquele ambiente (At 17,22-31). O areópago, que representava o centro da cultura do povo ateniense, é tomado como símbolo dos novos ambientes onde o Evangelho deve ser proclamado'" (250).

Os capítulos deste livro são contribuições de pessoas entusiastas que escreveram sobre os diversos ambientes, animando os cristãos a serem missionários e testemunhas de vida cristã onde atuam no seu cotidiano.

Na centralidade da fé, temos o Cristo servo e servidor que se dá como alimento, envia em missão, nos torna Igreja missionária, apaga o pecado no mundo e faz nascer um novo céu e uma nova terra. "Com razão, o Papa Emérito Bento XVI ofereceu-nos luzes e encorajamento para o profetismo dos leigos na missão junto a esses areópagos. O sacramento da Eucaristia tem um caráter social. A união com Cristo é ao mesmo tempo união com todos os outros a quem ele se entrega. Eu não posso ter Cristo só para mim. É necessário explicitar a relação entre o mistério eucarístico e o compromisso social abrindo-nos ao diálogo e ao compromisso em prol da justiça, à vontade de transformar também as estruturas injustas. A Igreja não deve ficar à margem da luta pela justiça. Também a CNBB ensinou que a Eucaristia tem uma exigência fundamental de transformação do homem. (...) Tanto o seu coração egoísta e pecaminoso quanto as estruturas opressoras e exploradoras devem ser transformados pela Eucaristia, a fim de que apareça o testemunho a que a liturgia deve levar a Igreja e cada cristão" (252).

A esperança deve trazer novo vigor e alegria para os cristãos. Descobrir que ser cristão é seguir Jesus Cristo de fato e de verdade. Deixar-se apaixonar por ele, ser discípulo dele. Tomar uma decisão forte e decidida para proclamar que Jesus Cristo é Rei e Senhor do mundo. É esse Rei que seguimos, nos movemos e queremos empreender toda a nossa vida na certeza de que um dia, definitivamente, estaremos com ele no céu. Contamos com a criatividade dos cristãos em geral para construir um ano diferenciado, fazendo com que o Documento 105 da CNBB seja de fato conhecido e amado, trazendo um novo alento para toda a sociedade. Acolhendo a luz de Cristo no seio da Igreja, partamos todos, de modo todo particular os cristãos leigos e leigas, para a festa do Ano do Laicato.

Seguem diversas reflexões de irmãos e irmãs que vivem a bela experiência do discipulado nas mais diversas áreas, tanto na Igreja quanto na sociedade. Deixemo-nos encantar pela vocação cristã, para enriquecer, amadurecer e fermentar toda a sociedade com a semente do Reino de Deus.

Dom Frei Severino Clasen, ofm
Bispo diocesano de Caçador
Presidente da Comissão Episcopal de Pastoral para o Laicato

Apresentação

A publicação Documento 105 da CNBB, "Cristãos leigos e leigas na Igreja e na sociedade; sal da terra e luz do mundo", significou um ponto de chegada e um ponto de partida na história da Igreja do Brasil, no exercício do Magistério local e na atuação do laicato na esfera nacional. As reflexões e orientações ali contidas recolhem as teologias do laicato oferecidas pelo Vaticano II, pela Exortação *Christifideles laici*, pelo Documento 62 e, de imediato, pela Exortação *Evangelii gaudium* do Papa Francisco. O documento acolhe também as experiências da caminhada dos leigos no Brasil: seus anseios e esperanças. A noção de *sujeito eclesial* foi o eixo que conduziu a reflexão nos três momentos do ver, do julgar e do agir. O ser sujeito na Igreja constitui a base comum e fundamental de todos os que integram o mesmo corpo eclesial na unidade e na diversidade e o mesmo povo de Deus a caminho. Todos são sujeitos. Cada qual desempenha seu ministério, conforme o dom que recebeu e a função que exerce. O clericalismo que corrói e deturpa essa comunhão persiste na Igreja, separando como que em classes superiores e inferiores os diferentes serviços, transformando esses serviços em poderes e reduzindo o leigo à condição de assistente, dependente ou suplente dos cristãos ordenados. Por essa razão, o Papa Francisco tem chamado o clericalismo de "doença da Igreja". Essa doença contagiosa que contamina todos os cristãos, bispos, presbíteros, diáconos, religiosos e ministros leigos, impede o exercício da autêntica subjetividade eclesial, reduz os membros a indivíduos isolados ou a massa passiva, sem rosto e sem vigor.

A urgência da vivência e da educação dos sujeitos eclesiais desafia a todos na Igreja. Exige "conversão eclesial", saída dos isolamentos e das superioridades e encontro com o Cristo vivo no próximo, saída das comodidades comunitárias para as periferias sociais e existenciais, saída da norma instituída para o discernimento dos mais frágeis dentro da comunidade de fé. Acolher o dom de *ser sujeito* é empenhar-se por construí-lo concretamente como postura eclesial e social, onde cada qual exercita e cresce na consciência, na autonomia e na ação como membro da Igreja e como cidadão.

O desafio de ser sujeito depara-se com forças contrárias que vêm de dentro da Igreja e da sociedade. O individualismo é a grande tentação que convida cada pessoa a buscar em si mesma as satisfações de seu eu por meio do consumismo de produtos materiais e espirituais. Aí reside a raiz da cultura da indiferença, da cultura do descartável e do relativismo de todos os tipos. O Documento 105 oferece um roteiro rico de reflexão sobre o sujeito eclesial, dom e desafio para todos na Igreja no mundo de hoje.

O Ano do Laicato (2018) não pode ser somente mais uma celebração, ainda que a condição cristã deva ser comemorada a todo momento. Deverá ser um momento de conversão da Igreja; de saída de si mesma na busca de suas fontes (do coração do Evangelho) e na direção do outro (de modo especial dos pobres e dos sofredores). Deverá ser o ano da conversão para o laicato, condição comum de todos os batizados; conversão para o serviço de todos a todo o povo de Deus e de serviço do povo de Deus a todos os povos que habitam o planeta com suas diferenças, anseios e esperanças.

As reflexões que seguem acolhem e aprofundam diversos aspectos da vida dos cristãos leigos expostos no Documento 105. A recepção desse documento está acontecendo em todo o Brasil nas mais variadas formas e em diversas esferas eclesiais, por meio de cursos, estudos, traduções populares etc. As sementes foram lançadas. Os frutos vão surgindo a seu tempo e nem sempre os enxergamos com nitidez. Mas, na esperança, aguardamos uma colheita abundante na vida do povo de Deus.

A equipe de reflexão da Comissão Episcopal de Pastoral para o Laicato da CNBB fez também a sua recepção que ora é apresentada aos cristãos leigos neste pequeno livro, por meio de pequenos ensaios. Cada reflexão é marcada pelas visões dos autores, sujeitos eclesiais que vivem suas vocações como ministros ordenados e leigos em diversos contextos. Os autores acreditam que as comunidades eclesiais podem crescer na consciência de si mesmas, tornando-se escolas de vida que germinam e fazem crescer sujeitos eclesiais, sal da terra e luz do mundo.

Grupo de reflexão da Comissão Episcopal de Pastoral para o Laicato

I
O Ano do Laicato e os cristãos leigos e leigas do Brasil

Laudelino Augusto dos Santos Azevedo

Como assessor da Comissão Episcopal Pastoral para o Laicato, da CNBB, tenho visitado regionais, arquidioceses, dioceses e prelazias de todo o país, assessorando cursos de formação, assembleias e retiros, a partir do Documento 105 da CNBB: "Cristãos leigos e leigas na Igreja e na sociedade; sal da terra e luz do mundo (Mt 5,13-14)". Os participantes são, na maioria, cristãos leigos e leigas organizados ou em articulação com o Conselho Nacional do Laicato do Brasil (CNLB), pastorais, movimentos, serviços eclesiais, associações laicais nascidas de carismas de ordens ou congregações religiosas, novas comunidades, como também religiosos e religiosas, diáconos e presbíteros.

Essa experiência, muito rica e fecunda, tem demonstrado o potencial enorme que a Igreja tem no Brasil e a urgência de um investimento na formação dos sujeitos eclesiais, especialmente dos cristãos leigos e leigas. Comprova-se, na prática, o que nossos pastores afirmam: "Apesar dos avanços na caminhada da Igreja nas últimas décadas, temos ainda, no campo da identidade, da vocação, da espiritualidade e da missão dos leigos na Igreja e no mundo, um longo caminho a percorrer" (105, 9).

Em tempos de Francisco

O texto inicial, apresentado na Assembleia Geral Ordinária da CNBB em 2014, trazia o conhecimento acumulado e a rica experiência vivida pela Igreja no Brasil desde o início do século XX, especialmente no pós-Concílio Ecumênico Vaticano II, mas com poucas citações do Papa Francisco, ainda no primeiro ano de pontificado. O Texto de Estudos 107 incorporou citações de Francisco na Jornada Mundial da Juventude, no Rio de Janeiro, homilias na Capela de Santa Marta, alocuções e entrevistas. Já em 2015, o Texto de Estudos 107-A ficou enriquecido com citações da Exortação apostólica *Evangelii gaudium* e, em 2016, o documento final aprovado incluiu citações da Carta encíclica *Laudato si'*, sobre o cuidado da casa comum, da Exortação apostólica *Amoris laetitia*, sobre a alegria do amor na família, dos discursos do papa nos encontros com os movimentos sociais e outros. Esses dados são importantes para entendermos a abrangência do texto do Documento 105 e a sua correta aplicação, pois, afinal, estamos em tempos de Francisco. É como nossos cristãos bispos afirmam no item citado: "Nisso, estamos motivados pela proposta da 'Igreja em saída', em chave missionária, como vive, ensina e propõe o Papa Francisco" (105, 9).

O Ano do Laicato

No último item do Documento 105, antes da conclusão, com o título "Compromissos", nossos pastores assumem: "Antes de concluir este documento, queremos incentivar nossas comunidades a assumirem os seguintes compromissos, que fazemos para melhor apoiar e incentivar a vida e a ação dos cristãos leigos e leigas na Igreja e na sociedade". Entre os compromissos, está:

> Realizar o Ano do Laicato, comemorando os 30 anos do Sínodo Ordinário sobre os leigos (1987) e da Exortação apostólica *Christifideles laici*, de São João Paulo II, sobre a vocação e missão dos leigos na Igreja e no mundo (1988). Terá como eixo central a presença e a atuação dos cristãos leigos e leigas como "ramos, sal, luz e fermento" na Igreja e na sociedade (CNBB 105, 275 "i").

Para implementar esse compromisso, foi aprovado que o "Ano do Laicato" teria início na Solenidade de Cristo Rei, em 2017, com o término na Solenidade de Cristo Rei em 2018. Vale lembrar que, por antiga tradição da Ação Católica, no dia de Cristo Rei se celebra também o Dia Nacional dos Cristãos Leigos e Leigas. Trata-se, certamente, de uma oportunidade muito importante para que todos os sujeitos eclesiais e, portanto, a Igreja como um todo, cresçam na sinodalidade, na comunhão e na missão comum a todo o povo de Deus.

É necessário assinalar que nós, cristãos leigos e leigas e, com certeza, também os demais sujeitos eclesiais (leigos e leigas consagrados, religiosos e religiosas, diáconos, presbíteros e bispos), só entendemos, acolhemos e exercemos a nossa identidade, vocação, espiritualidade e missão, na relação com os demais, como membros vivos do mesmo corpo (1Cor 12,13). Não foi por acaso que os nossos bispos aprovaram no item 274, "Indicativos e encaminhamentos de ações pastorais", letra "c":

> Efetivar o processo de participação, dos vários sujeitos eclesiais, contribuindo para a consciência e o testemunho de comunhão como Igreja, tornando regulares as Assembleias Nacionais dos Organismos do Povo de Deus (ANOPD), que vêm sendo realizadas desde 1991 e que reúnem os dirigentes da CNBB, da Conferência dos Religiosos do Brasil (CRB), da Comissão Nacional dos Presbíteros (CNP), da Comissão Nacional dos Diáconos (CND), da Conferência Nacional dos Institutos Seculares (CNIS) e do CNLB. Falando sobre a "necessidade e a beleza de caminhar juntos", o Papa Francisco afirma: "O caminho da sinodalidade é precisamente o caminho que Deus espera da Igreja do terceiro milênio".

O Papa Francisco sempre insiste que "Sínodo é o nome da Igreja"! São João Crisóstomo ensinou que "Igreja e sínodo são sinônimos"!

Nesses termos, podemos dizer que um dos primeiros frutos esperados deste "Ano do Laicato", proposto e realizado por todo o corpo eclesial, é exatamente a tomada de consciência, na prática cotidiana, de que todos juntos somos "Igreja, Corpo de Cristo na história".

Nossos pastores ensinam que: "Assim sendo, os indivíduos na Igreja, mantendo sua subjetividade, possuem uma identidade comunitária, possibilitada e mantida pelo Espírito de Cristo" (105, 103). Ensinam, ainda, que: "A unidade da Igreja se realiza na diversidade de rostos, carismas, funções e ministérios. É importante dar-nos conta desse grande dom da diversidade, que potencializa a missão da Igreja realizada por todos os seus membros, em liberdade, responsabilidade e criatividade" (105, 93). Um pouco à frente, afirmam que:

> A noção de povo de Deus também chama a atenção para a totalidade dos batizados: todos fazem parte do povo sacerdotal, profético e real. O Vaticano II supera a noção da Igreja como uma estrutura piramidal, começando por apresentar o que nos une – nos capítulos sobre a Igreja mistério e povo de Deus – e só depois o que nos distingue (105, 100).

É necessário lembrar que o que nos distingue não nos separa, pois "há um só corpo" (1Cor 12,12). O que nos distingue está na linha do serviço, no modo de estar presente e atuante no corpo eclesial e presente e atuante a serviço do Reino de Deus no mundo. Essa compreensão e vivência são fundamentais para sermos Igreja e eliminará, inclusive, a grande tentação do clericalismo.

Ao mesmo tempo, com o estudo e aprofundamento prático do Documento 105, teremos, como fruto do "Ano do Laicato", a compreensão e atuação dos cristãos leigos e leigas como "verdadeiros sujeitos eclesiais":

> O presente documento tem como perspectiva a afirmação dos cristãos leigos e leigas como verdadeiros sujeitos eclesiais. ... Pretende-se animar a todos os cristãos leigos e leigas a compreenderem a sua própria vocação e missão e a atuarem como verdadeiros sujeitos eclesiais nas

diversas realidades em que se encontram inseridos, reconhecendo o valor de seus trabalhos na Igreja e no mundo (105, 10).

Mais à frente, apontaremos outros frutos esperados com a realização do "Ano do Laicato", especialmente em relação aos cristãos leigos e leigas no Brasil.

Eixo central do Ano do Laicato

O texto citado antes, em que assumimos realizar o "Ano do Laicato", estabelece que "terá como eixo central a presença e a atuação dos cristãos leigos e leigas como 'ramos, sal, luz e fermento' na Igreja e na sociedade" (105, 275 "i"). Vejam que se trata tão somente, e isso basta, de acolher, viver e testemunhar o Evangelho de Jesus Cristo. É ele mesmo que, usando comparações e símbolos da vida concreta do dia a dia, nos chama a permanecer como "ramos na videira" e nos envia como "sal, luz e fermento do Reino no mundo".

O Documento 105 nos recorda:

> É importante lembrar que o mesmo Jesus que diz: "Vós sois o sal da terra... Vós sois a luz do mundo", também ensina: "Eu sou a videira verdadeira (...) e vós, os ramos" (Jo 15,1-8). "A vitalidade dos ramos depende de sua ligação à videira, que é Jesus Cristo: 'quem permanece em mim e eu nele, dá muito fruto, porque sem mim não podeis fazer nada' (Jo 15,5)". Daí a necessidade de pertença a uma comunidade de fé, na qual se alimenta da Palavra de Deus, dos sacramentos e da vida comunitária (105, 14).

Falando sobre o "serviço cristão ao mundo", nossos bispos constatam:

> Permanecendo Igreja, como ramo na videira (Jo 15,5), o cristão transita do ambiente eclesial ao mundo civil para, a modo de sal, luz (Mt 5,13-14) e fermento (Mt 13,33; Lc 20,21), somar com todos os cidadãos de boa

vontade, na construção da cidadania plena para todos. "Não é preciso 'sair' da Igreja para 'ir' ao mundo, como não é preciso sair do mundo para 'entrar' e 'viver' na Igreja." Os cristãos leigos e leigas são Igreja e como tal vivem sua cidadania no mundo, ou seja, assumem sua missão sem limites e fronteiras, através de sua presença nas macro e microestruturas que compõem o conjunto da sociedade (105, 166-167).

Um pouco à frente, no item "Uma espiritualidade encarnada", nossos pastores afirmam:

> A partir de Jesus Cristo, os cristãos leigos e leigas infundem uma inspiração de fé e de amor nos ambientes e realidades em que vivem e trabalham. Em meio à missão, como "sal, luz e fermento", sempre cheia de tensões e conflitos, buscam testemunhar sua identidade cristã, como "ramos na videira" na comunidade de fé, oração e partilha (105, 185).

Até aqui, já podemos ver com clareza a insistência de nossos bispos, fundamentados na Palavra de Deus, em afirmar a nossa condição de ser Igreja, presente e atuante no mundo, na sociedade, na revelação e expansão do Reino de Deus na história.

Continuando com o texto do Documento 105, ainda no item "Uma espiritualidade encarnada", aprendemos que

> em sua inserção no mundo, os cristãos leigos são convidados a viver a espiritualidade de comunhão e missão. Comunidade missionária, a Igreja está voltada ao mesmo tempo para dentro e para fora, num movimento de sístole e diástole. A espiritualidade de comunhão e missão tem seu fundamento na comunidade trinitária e no mandamento do amor (105, 193).

O batimento de nosso coração nos mantém vivos, pulsa para dentro e para fora, trazendo o sangue oxigenado pelo pulmão e devolvendo-o para o corpo. Da mesma forma, a comunhão e a missão mantêm vivo o corpo eclesial. Vivemos a comunhão e somos enviados em missão. O Senhor nos diz: "Vinde à comunhão e ide em missão"; vinde, sejais "ramos da videira" e ide, sejais "sal, luz e fermento". São João Paulo II, na Exortação apostólica *Christifideles laici*, afirma: "A comunhão é missionária e a missão é para a comunhão" (cf. 32).

Com esses ensinamentos, podemos entender que "Ser cristão, sujeito eclesial, e ser cidadão não podem ser vistos de maneira separada" (105, 164). É como diz São João Paulo II: "Ao descobrir e viver a própria vocação e missão, os fiéis leigos devem ser formados para aquela unidade, de que está assinalada a sua própria situação de membros da Igreja e de cidadãos da sociedade humana" (cf. 59). Completando o n. 164 do Documento 105, vemos que

> O Documento de Aparecida, rejeitando este dualismo, ainda presente na mentalidade de muitos, afirma que "a construção da cidadania, no sentido mais amplo, e a construção de eclesialidade nos leigos, é um só e único movimento" e levam os cristãos leigos à comunhão e participação na Igreja e à presença ativa no mundo. O cristão leigo expressa o seu ser Igreja e o seu ser cidadão na comunidade eclesial e na família, nas opções éticas e morais, no testemunho de vida profissional e social, na sociedade política e civil e em outros âmbitos. Busca sempre a coerência entre ser membro da Igreja e ser cidadão, consciente da necessidade de encontrar mediações concretas – quer sejam políticas, jurídicas, culturais ou econômicas – para a prática do mandamento do amor, de forma especial em favor dos marginalizados, visando à transformação das estruturas sociais injustas (105, 164-165).

A formação do laicato

A partir desses ensinamentos, podemos vislumbrar um outro fruto precioso esperado no Ano do Laicato: o fortalecimento da formação de sujeitos eclesiais. O próprio Papa Francisco, falando aos bispos do Brasil durante a Jornada Mundial da Juventude no Rio de Janeiro, em 2013, asseverou: "É preciso ter a coragem de levar a fundo uma revisão das estruturas de formação e preparação do clero e do laicato da Igreja que está no Brasil". Isso já vem acontecendo em nosso país e ganhará grande impulso com a realização do Ano do Laicato.

O Documento 105, no 3º capítulo, trata desse assunto: "A formação de sujeitos eclesiais, que implica amadurecimento contínuo da consciência, da liberdade e da capacidade de exercer o discipulado e a missão no mundo, deve ser um compromisso e uma paixão das comunidades eclesiais" (Doc. 105, 229). Lembra que "Também as Diretrizes Gerais da Ação Evangelizadora na Igreja do Brasil – 2015-2019 enfatizam: 'A formação dos leigos e leigas precisa ser uma das prioridades da Igreja particular'" (Doc. 105, 240).

Com relação à presença e atuação dos cristãos leigos e leigas como sal, luz e fermento na sociedade, nossos pastores insistem:

> A Doutrina Social da Igreja é um precioso tesouro que oferece critérios e valores, respostas e rumos para as necessidades, as perguntas, e os questionamentos da ordem social, em vista do bem comum. Fundamentada nas Escrituras, nos Santos Padres, nas encíclicas sociais do Magistério Pontifício, no testemunho de tantos santos e santas, no Concílio Vaticano II e, na América Latina, nas Conferências de Medellín, Puebla, Santo Domingo, Aparecida e agora na *Evangelii gaudium*, ilumina a dimensão social da fé e a implantação do Reino na sociedade (Doc. 105, 237).

Mas, afinal, quem é responsável pela formação do laicato? O Documento 105 afirma:

> A comunidade eclesial é responsável pela formação. Aqueles que ocupam funções de direção ou exercem especial responsabilidade no povo

de Deus – bispos, presbíteros, diáconos, consagrados e lideranças leigas de um modo geral – são os primeiros responsáveis pelo processo formativo (Doc. 105, 225).

Certamente, este é um dos serviços aos quais se refere o Papa Francisco: "A imensa maioria do povo de Deus é constituída por leigos. A seu serviço está uma minoria: os ministros ordenados" (EG, n 102).

Em síntese, podemos dizer que os responsáveis pela formação devem:

– formar e capacitar, em quantidade e qualidade, "o sal, a luz e o fermento"; formação bíblica e teológica, teórica e vivencial, em todos os campos da vida e ação;

– garantir que estes, "sal, luz e fermento", estejam presentes e atuantes em todos os âmbitos da sociedade;

– cuidar para que os "ramos" permaneçam na videira, oferecendo retiros de espiritualidade, melhorando as celebrações litúrgicas, especialmente as homilias.

O Papa Francisco, na *Evangelii gaudium*, dedica muitas páginas à homilia (cf. EG 135-175).

A organização do laicato

O Ano do Laicato, cujo tema é "Cristãos leigos e leigas, sujeitos na 'Igreja em saída', a serviço do Reino", e o lema: "Sal da terra e luz do mundo" (Mt 5,13-14), tem como objetivo geral: "Como Igreja, povo de Deus, celebrar a presença e a organização dos cristãos leigos e leigas no Brasil; aprofundar a sua identidade, vocação, espiritualidade e missão; e testemunhar Jesus Cristo e seu Reino na sociedade".

O Documento 105 traz, no 3º capítulo, um subtítulo sobre "a presença e a organização dos cristãos leigos e leigas no Brasil". É um brevíssimo resumo a partir do início do século XX, passando pela Ação Católica nos anos 40 e 50 e, especialmente, no pós-Concílio Vaticano II. As CEBs, Pastorais Sociais, Movimentos, Serviços Eclesiais, Associações Laicais e, ultimamente, as Novas Comunidades (cf. 105, 201-224).

No item 209, nossos pastores nos recordam: "Nos anos de 1970, como fruto do Concílio Vaticano II, na Igreja no Brasil, criou-se, como organismo de articulação do laicato, o então Conselho Nacional dos Leigos (CNL), hoje Conselho Nacional do Laicato do Brasil (CNLB)". No item 211, ratificam:

> A Conferência Episcopal expressou o reconhecimento dessa articulação do laicato brasileiro em suas Diretrizes e Planos quadrienais desde as Diretrizes – 1975-1978 (CNBB, Doc. 4). ... Essa organização é fundamental para o exercício da missão com todos os seus desafios. Na evangelização do mundo de hoje há questões às quais só os cristãos leigos organizados oficialmente podem dar respostas como Igreja inserida no mundo. O Documento de Aparecida destaca: "Reconhecemos o valor e a eficácia dos conselhos paroquiais, conselhos diocesanos e nacionais de fiéis leigos, porque incentivam a comunhão e a participação na Igreja e sua presença ativa no mundo" (Doc. 105, 211).

No Documento 62 da CNBB, nossos pastores afirmam: "É desejável que em sua missão os cristãos leigos, superando eventuais divisões e preconceitos, busquem valorizar suas diversas formas de organização, em especial os conselhos de leigos em todos os níveis" (Doc 62, 191). Completando, prosseguem:

> Em 2004, a CNBB aprovou o novo estatuto do CNLB, em conformidade com o Direito Canônico, como uma Associação Pública de Fiéis. ... Além de ser um organismo de comunhão, o CNLB tem por objetivo criar e apoiar mecanismos de formação e capacitação que

ajudem o laicato a descobrir sua identidade, vocação, espiritualidade e missão, com vistas à construção de uma sociedade justa e fraterna, sinal do Reino de Deus (Doc. 105, 213).

Nos itens sobre a "liberdade, autonomia e relacionalidade", nossos pastores ensinam que:

> A Igreja é a comunhão de libertos para uma vida nova, para o serviço, em harmonia e respeito. ... O processo de autonomia de ação e organização do laicato se realiza no interior da comunidade eclesial e, portanto, na comunhão com os demais membros e seus pastores. A propósito, o Documento de Santo Domingo recomenda: "Promover os conselhos de leigos, em plena comunhão com os pastores e adequada autonomia, como lugares de encontro, diálogo e serviço, que contribuam para o fortalecimento da unidade, da espiritualidade e organização do laicato" (Doc 105, 126-127).

No subtítulo 2 do 1º capítulo, os cristãos bispos apontam alguns "avanços e recuos" na caminhada histórica de maior consciência da identidade e da missão dos cristãos leigos e leigas a partir do Concílio Vaticano II. Entre os avanços destacam: "A criação do Conselho Nacional do Laicato do Brasil (CNLB), bem como de conselhos de leigos nos regionais e dioceses do país, marca um grande avanço" (Doc 105, 25). Coerentes com essa constatação, no subtítulo "Compromissos", assumem: "Criar e/ou fortalecer os conselhos regionais e diocesanos de leigos e oferecer indicativos em vista da elaboração de seus próprios regimentos" (Doc 105, 275 "f").

Nesse sentido e com essa esperança, podemos afirmar que outros frutos abençoados deste Ano do Laicato serão os Conselhos Nacionais do Laicato do Brasil – CNLBs, fortalecidos na comunhão e na missão, organizados em todos os âmbitos eclesiais. Felizes as dioceses que têm um laicato cristão maduro e organizado!

Certamente, outros tantos frutos serão colhidos a partir deste Ano do Laicato, à medida que aumenta a consciência da identidade, vocação, espiritualidade e missão de todos os sujeitos eclesiais, crescerá também o relacionamento dos cristãos leigos e leigas entre si e destes com os consagrados e com a hierarquia. O corpo todo será beneficiado, pois, como diria São Paulo, "se um membro cresce, todo o corpo cresce"!

Enfim, como ensina São Paulo, "Deus, por meio de seu poder, que age em nós, pode realizar muito mais do que pedimos ou imaginamos" (Ef 3,20) e, sabendo que "o Senhor sempre ultrapassa as nossas expectativas" (Santa Teresinha do Menino Jesus e da Sagrada Face), neste Ano do Laicato, fecundará muitos outros frutos para a glória de Deus e salvação da humanidade.

II
Não há Igreja sem *sujeito*

João Décio Passos

A noção de sujeito é central no Documento 105. Os três capítulos que o compõem, seguindo os passos do método *ver-julgar-agir*, são elaborados a partir desse eixo. A introdução do documento deixa isso bem claro, quando diz: "O presente documento tem como perspectiva a afirmação dos cristãos leigos e leigas como verdadeiros sujeitos eclesiais. Esta expressão – sujeito eclesiais – é recorrente em todo o texto e se fundamenta nos ensinamentos do Concílio Vaticano II e do Magistério" (10). A indicação do *fundamento* da noção de sujeito explica, sem demora, seu significado dentro dos ensinamentos da Igreja. Na verdade, essa ressalva esconde certa insegurança que muitas vezes pode pairar sobre essa noção, tendo em vista a sua relação direta com outra noção: a de autonomia. De fato, não existe sujeito sem autonomia, ou seja, os sujeitos existem quando os indivíduos têm *lei própria* no momento de discernir, decidir e agir. Por essa razão, a introdução esclarece que o sujeito se insere dentro da vida da comunidade eclesial, da tradição da Igreja; sugere, assim, uma fundamentação teológica para a noção de sujeito.

A presente reflexão visa aprofundar esse eixo do documento. Embora a ideia de sujeito perpasse o texto como conceito central, ela pode deixar dúvidas sobre seu significado e sobre suas consequências concretas dentro da vida da Igreja, por ter relações diretas com o projeto e as práticas dos tempos modernos. Seu cheiro de secularização e seus pressupostos de autonomia ainda assustam as mentalidades mais conservadoras. Na verdade, ser Igreja é necessariamente ser sujeito. Na comunidade eclesial, cada um se encontra como membro consciente de sua condição, autônomo em suas escolhas e decisões e sempre ativo na edificação da comunidade e na transformação do mundo em Reino de Deus.

A noção de sujeito na construção do documento

Todo documento nasce a partir de certas opções previamente definidas. Em março de 2013, foram lançadas as primeiras pedras do edifício que foi concluído com o Documento 105, em abril de 2016. Era o seminário dos bispos referenciais do laicato realizado em Brasília. Na conclusão dos trabalhos, ficou decidido que o futuro estudo seria realizado nos marcos da celebração dos 50 anos do Vaticano II, dos 25 anos da Exortação apostólica *Christifideles laici* e dos 15 anos do Documento 62. E teria também as seguintes características: adotaria o método ver-julgar-agir e assumiria a noção de *sujeito* como eixo central da reflexão. Os trabalhos de elaboração do estudo, realizados nas fases posteriores, seguiram essa orientação e foram, passo a passo, produzindo o texto nas suas muitas redações. Vale observar que o método de trabalho de elaboração de estudos que se tornam um Documento da Conferência dos Bispos é centrado na construção coletiva: vários sujeitos, muitas sugestões, muitas fases de redação até o texto ser levado à assembleia dos bispos, quando, novamente, é submetido a novas sugestões e, finalmente, colocado em plenário para a votação final por parte dos mesmos. A noção de sujeito acompanhou esse processo de construção de modo bastante dinâmico, mas de forma a tornar-se sempre mais sólida e clara no espírito e na letra do documento. Ela foi, algumas vezes, colocada sob suspeita. Estava baseada em Descartes, Marx ou Freud?, perguntava um bispo durante a assembleia que votou a versão 107 (Documento Verde de Estudos da CNBB). Outros temiam que, por pressupor a postura da "autonomia", o conceito de sujeito significaria independência de cada indivíduo dentro da comunidade eclesial, o que colocava em risco a comunhão entre os membros do povo de Deus e do conjunto dos fiéis com os seus pastores. Em meio dos temores e das decisões, por ação de "mão invisível" ou por fortuito esquecimento, a palavra *sujeito* saiu do título do documento, como havia sido formulado e encaminhado pela comissão responsável para a aprovação na assembleia. O título atual "Cristãos leigos e leigas, (sujeitos) na Igreja e na sociedade", continha originalmente a palavra *sujeito*, como se observa entre parênteses.

Contudo, as comissões que trabalharam nas redações e as próprias assembleias dos bispos que votaram primeiramente o Documento Estudos 107, em 2014, e mais tarde o Documento 105 da CNBB, em 2016, afinaram a ideia de sujeito como um dom e uma tarefa para a Igreja, nos termos dos objetivos definidos pela Conferência de Aparecida, ao tratar dos novos areópagos a serem evangelizados. Afirmam os bispos que as igrejas deveriam "favorecer a formação de um laicato capaz de atuar como sujeito eclesial..." (DAp 497). Com efeito, a noção de sujeito aparece de modo explícito nos títulos do 1º capítulo, "O cristão leigo, sujeito na Igreja e no mundo...", assim como do 2º capítulo, "Sujeito eclesial: discípulos missionários e cidadãos no mundo" e, de modo implícito, no 3º capítulo, que trata da ação dos leigos como sujeitos na Igreja e no mundo. Mas, o mais importante é que ele costura toda a reflexão sobre o laicato e, sobretudo, define o próprio leigo como *sujeito eclesial*.

O que significa ser sujeito?

A expressão sujeito eclesial é uma noção acabada que possui uma longa história; é como um lago que recebe as águas de um longo rio que tem suas nascentes bem distantes e que acolhe diversos afluentes, à medida que vai avançando e se avolumando. O lago é composto de diversas águas, embora seja um lago só, feito de uma massa uniforme de água. A noção de sujeito eclesial tem várias nascentes.

a) A fonte mais primordial

A nascente mais alta e distante e também desconhecida de muitos é a tradição judaica. O Deus Criador cria o homem a sua imagem e semelhança, ser único e indivisível, consciente de si mesmo e de sua missão na história, livre e responsável por sua vida e pela vida de seus semelhantes. Com base nessa visão o ser humano se relaciona com Deus, com a natureza e com os semelhantes como um indivíduo que pode escolher entre o bem e o mal e que é senhor de suas ações na história. O Cristianismo dá sequência a essa visão e prática, como herdeiro da antropologia hebraica. A salvação oferecida por Deus, em Jesus Cristo, coloca o ser humano em atitude de escolha e de seguidor do Mestre na comunidade de irmãos. A comunidade cristã não reproduz nem a massificações do Império Romano e do legalismo judaico que tragam, em suas objetividades, as liberdades individuais nem o individualismo das escolas filosóficas gregas que dispensam a vida de cumplicidade com o outro na comunidade. O cristão é um ser individual, consciente de sua condição de seguidor de Jesus Cristo, livre em sua consciência e adesão e responsável pelos semelhantes. A imagem paulina do corpo expressa essa relação entre liberdade individual e responsabilidade comum.

b) A fonte soterrada

As fases seguintes do Cristianismo, como bem sabemos, configurou uma instituição sempre mais estruturada do ponto de vista de sua organização e de sua hierarquia. A instituição eclesial se sobrepôs ao exercício autêntico da subjetividade eclesial, assim como a normatização das regras de vida adquiriu cada vez mais a forma de lei moral objetiva e de norma legal. É verdade que, em pleno contexto de cristandade, Santo Agostinho tematiza de modo muito claro a questão do sujeito consciente de sua condição de criatura e também como liberdade. Para alguns, Agostinho é o próprio pai do conceito de sujeito, embora permaneça dentro de um esquema de pensamento que o compreende de modo bastante espiritualizado. O ser humano é praticamente sinônimo de *alma humana*. Com base nessa compreensão, ele é livre e responsável, imerso em uma história de luta entre o bem e o mal, encaixado dentro de uma comunidade eclesial, mas sem possibilidade de exercer cidadania política como centro de decisão de seu próprio destino e do destino dos demais.

A Idade Média vai reproduzir essa visão e, com as transformações históricas que ocorrem a partir da chamada baixa Idade Média, a liberdade adquire uma conotação econômica, social, política e cultural cada vez mais clara e concreta.

c) A fonte da modernidade

A chamada modernidade pode ser vista como sinônimo de sujeito, na medida em que pode ser descrita como gradativa emergência da subjetividade entendida e assumida como centro das mudanças históricas que vão acontecendo, com as revoluções comercial (mercantilismo que vai tomando forma a partir do século XI), social (a burguesia como nova classe de homens livres, vivendo, sobretudo, nas cidades e se organizando em corporações autônomas), cultural (com o chamado Renascimento), religiosa (com a Reforma protestante centrada no indivíduo, salvo pela graça e livre para interpretar), política (desde a Revolução Francesa que instaura o Estado moderno) e, por fim, do pensamento (com os pensadores e os cientistas modernos). O sujeito vai adquirindo fisionomia e funções centrais nas concepções e práticas que redesenham o mundo. Essa nova configuração que se concretiza a partir da Europa central e se expande para as demais partes do planeta, apresenta-se como as últimas coisas que estão acontecendo (modernidade) e que se opõem, por princípio e por razões estratégicas, ao que se chama de antigo regime e, por conseguinte, à Igreja e à própria teologia. Trata-se de uma visão e de uma prática secularizadas e sempre mais distintas e distantes da velha tradição cristã.

O resgate do sujeito

A noção de sujeito foi, portanto, de tal modo central no processo de modernização, que se tornou a própria negação do Cristianismo, ou, mais concretamente, do Catolicismo. Adotar as ideias e as práticas modernas era um perigo para a fé, pensava a Igreja. Por outro lado, abraçar a fé era um risco para os modernos. No entanto, muitos cristãos vão assimilando as ideias e as práticas modernas como um valor e superando aos poucos essa separação. Na França, muitos católicos entendem ser um compromisso cristão acolher o estado e a cultura moderna. Outros cristãos vão acolhendo os métodos e os resultados das ciências modernas no momento de pensar a fé (de fazer teologia). Outros, ainda, defendem que os cristãos devem ser o braço da Igreja no mundo e começam a se organizar para isso (desse movimento nasce o que mais tarde foi chamado de Ação Católica). Não faltaram conflitos entre esses cristãos ousados e a hierarquia da Igreja. No entanto, aos poucos a própria hierarquia vai acolhendo a modernidade. O Papa Leão XIII escreve a *Rerum novarum* incentivando os cristãos a se inserirem na sociedade a fim de torná-la mais cristã. Os papas seguintes vão incentivar a ação dos leigos no mundo na chamada Ação Católica. Mais tarde, Pio XII acolhe o uso das ciências no estudo dos textos bíblicos.

Na década de 1940, Pio XII vai dizer que os leigos não são da Igreja, mas são a própria Igreja. Ninguém tem mais dúvidas da importância fundamental da participação dos cristãos católicos na sociedade, na política e na cultura como um agente transformador. O cristão, entendido como sujeito coletivo (o povo de Deus) e como sujeito individual (cada batizado), é, ao mesmo tempo, membro do mesmo corpo que é a Igreja e deve se inserir como sujeito no mundo.

Essa visão e prática foram construídas no âmbito da teoria pelos teólogos da chamada nova teologia, no âmbito da prática pelas diversas frentes da Ação Católica e, no âmbito da oficialidade, pelos próprios papas, de modo particular pela Encíclica *Misticis corporis* de Pio XII.

O Concílio Vaticano II recebeu esse acúmulo de reflexão, de ensinamentos e de práticas que assumia a ideia do sujeito como componente fundamental da Igreja. A Igreja será definida como um sujeito coletivo, o povo de Deus, comunhão dos fiéis no mesmo corpo e peregrinos que caminham neste mundo rumo ao céu. Cada batizado está inserido em Jesus Cristo e dele participa diretamente como sacerdote, profeta e rei. Os católicos são chamados a exercer essa missão dentro do mundo e da Igreja, de modo ativo e consciente. O leigo já não é mais entendido como um braço da hierarquia no mundo, mas como um sujeito que por direito e dever decorrentes de sua condição eclesial deve agir na sociedade para ajudá-la a se configurar sempre mais ao Reino de Deus.

O Vaticano II acolheu a noção de sujeito como constitutiva da Igreja. E, a partir do sujeito primeiro, que todos são (o povo de Deus), distinguiu os diversos ministérios dentro da Igreja. Todos os ministérios são serviços ao povo de Deus. A Igreja é uma comunidade de distintos sujeitos que, em condições e funções diferentes, compõem o mesmo Corpo e exercem aí suas funções em benefício do conjunto.

A condição do sujeito

A noção de sujeito pressupõe três notas fundamentais: consciência, autonomia e ação. Se faltar uma delas, pode haver indivíduo, mas não sujeito. Sem autonomia, pode haver massa ou comunitarismo, mas não sujeito. Sem ação, prevalece a individualidade isolada (individualismo) que nega o sujeito. O Documento 105 elaborou bem essa distinção e assumiu que o exercício do sujeito fornece precisamente o fio de prumo da ação dos cristãos dentro e fora da Igreja (77-83). O individualismo, o comunitarismo e a massificação são deformações do sujeito e, por conseguinte, da própria Igreja. Tanto na sociedade quanto na Igreja – e as coisas acontecem sempre de modo interligado –, a formação de sujeitos constitui um desafio permanente. Na fé cristã, a condição de sujeito é um dom (condição que recebemos do próprio Batismo, em Cristo somos filhos, livres e fiéis seguidores) e simultaneamente uma tarefa de construção não só dentro da comunidade (educação cristã na comunidade que ajuda cada fiel a tomar consciência de si, da realidade e dos outros), como também dentro da sociedade, o que se faz no diálogo permanente com as suas diversas dimensões (como sujeitos responsáveis por tudo no mundo na perspectiva do Reino).

A noção de sujeito eclesial afirma ao mesmo tempo as dimensões eclesial e social do ser e do agir cristão. Não há dicotomia entre elas. É o mesmo sujeito que atua dentro e fora da Igreja. Na verdade, cada cristão é a própria Igreja que atua no mundo como sal e luz. A Igreja é sacramento da salvação de Deus no mundo e sua missão é servir a humanidade, ensina o Concílio Vaticano II.

A Igreja é, portanto, um sujeito coletivo – povo de Deus – feito de sujeitos individuais – cada cristão –, sejam eles leigos ou ministros ordenados. Esse sujeito, povo de Deus e comunhão de diferenças, é uma escola que forma sujeitos individuais conscientes, autônomos e ativos para fecundarem o mundo com o amor que os formata na comunidade, com a liberdade de seguidores de Jesus e com a ação que edifica os outros. Esse sujeito que se diversifica nas diversas realidades, povo de muitos povos, como explica Francisco (*Evangelii gaudium*, 115), se insere no mundo e também aprende do mundo, dos valores que o ajudam a ser mais consciente da realidade, autônomos e ativos. Ser sujeito eclesial é um dom e uma tarefa permanente de construção. A graça da liberdade que recebemos de Deus (que nos criou criadores como ele, a sua imagem e semelhança), por meio de Jesus (*foi para a liberdade que Cristo nos libertou* – Gl 5,1) e na força do Espírito (que nos doa carismas), concretiza-se em nossa vivência diária, no exercício de nossa profissão, na atuação direta em serviços eclesiais e em ações políticas dentro da sociedade. O clericalismo que reduz o leigo a receptor passivo peca gravemente contra a Igreja. O espiritualismo que dispensa a ação nega o Espírito que anima e impulsiona cada membro da Igreja. O comunitarismo que separa a Igreja do mundo nega a dimensão e a missão encarnatória de todos os membros do povo de Deus em cada realidade em que se encontra.

A educação de sujeitos eclesiais significa dizer não a tudo que infantiliza os membros da comunidade e dispensa o crescimento na vida de fé, a tudo que isola cada membro em suas experiências religiosas e dispensa a vida em comum e a tudo o que torna o fiel passivo e descompromissado com a realidade, de modo direto e privilegiado com os mais necessitados.

Pode, de fato, haver em nossas comunidades eclesiais muito indivíduo religioso e, até mesmo, indivíduo "cristão e católico", mas que não é, na verdade, um sujeito. Porém, se pode haver muita religião feita somente com indivíduos, não poderá haver Igreja sem sujeito.

III
O ministério leigo na comunidade eclesial

Celso Zacarias

Introdução

Depois do Concílio Vaticano II, da sensibilidade pastoral de muitos bispos, da recepção do Concílio por leigos e leigas e de contribuições de teólogos e teólogas, recuperou-se uma dimensão que estava um tanto quanto abafada: o caráter ministerial de toda a Igreja.

Na América Latina a recepção do Vaticano II encontrou terreno fértil na tradição popular já existente bem antes do Concílio. Em muitos lugares, sem a presença frequente de presbíteros, o povo introduzido na fé cristã criou suas defesas diante da ausência oficial. Indígenas, a devoção popular portuguesa e espanhola, e finalmente os africanos, constituíram um povo religioso, mas que, na ausência de um ministro reconhecido oficialmente, mantinha firme sua ligação com Deus.

Assim, quando se começou a colocar na prática pastoral aquilo que o Vaticano II resgatou, isto é, uma eclesiologia na qual os fiéis sentissem aquele ardor das primeiras comunidades, como se constata nos Atos dos Apóstolos, o povo acolheu com entusiasmo o desafio de também ser participante do anúncio da Boa-Nova de Jesus Cristo.

O Documento 105 da CNBB, "Cristão leigos e leigas na Igreja e na sociedade", retoma essa tradição. Especificamente os números 93 a 101 nos recordam que a Igreja é comunhão na diversidade. Afirma:

> A unidade da Igreja se realiza na diversidade de rostos, carismas, funções e ministérios. É importante dar-nos conta deste grande dom da

diversidade, que potencializa a missão da Igreja realizada por todos os seus membros, em liberdade, responsabilidade e criatividade (105,93).

As Comunidades Eclesiais de Base (CEBs) seguiram a tradição dos tempos antigos se adaptando aos desafios do mundo atual. No caso das CEBs, no interior da Igreja Católica, dentro de um processo contínuo de aprendizagem, elas foram incorporando, em comunhão com a Igreja, aquilo que, do ponto de vista da Tradição e da teologia cristã e católica, está integrado ao caminho de Jesus Cristo.

É importante salientar aqui que o fato de priorizar o ministério leigo não pretende estabelecer uma oposição ao ministério ordenado (bispos, padres e diáconos), mas simplesmente reconhecer aquilo que foi ratificado no Concílio Vaticano II e experimentado como um caminho pastoral de grande valor para o processo de evangelização no mundo de hoje.

Assim sendo, apresentaremos a base fundamental do ser *comunidade ministerial* a serviço da missão evangelizadora como um desdobramento pastoral que se verifica na intenção do Documento 105 da CNBB, de tal sorte que leigos e leigas possam ser, de fato, "sal da terra e luz do mundo" (Mt 5,13-14).

Comunidade: lugar do perdão e da festa

O título deste tópico é o mesmo de um livro que procura tornar clara a condição necessária para uma vida comunitária, inspirado pela experiência da "Arché", comunidade formada por pessoas com deficiência mental, fundada pelo padre francês Jean Vanier, autor do referido livro.

Inspirados por esse belo testemunho, queremos apresentar o caminho das CEBs também como um lugar de compromisso, perdão, festa e solidariedade. Um lugar próprio para a vivência de uma fé, a cristã, que é tipicamente comunitária: "Onde dois ou mais estiverem reunidos, estarei no meio deles" (Mt 18,20).

Comunidade: espaço do encontro

Em um mundo marcado pela competição, pelo consumo desenfreado, como o Cristianismo pode oferecer um lugar onde as pessoas não sejam tratadas como clientes? Um lugar onde as pessoas sejam reconhecidas pela dignidade de ser e não pelo poder de possuir algo ou ter autoridade sobre alguém?

Nas CEBs as pessoas são reconhecidas pelo nome. Sabe-se de suas dificuldades, de seus anseios. É verdade que um maior conhecimento pessoal leva também a possibilidades de conflitos e tensões, mas não é assim no interior da pequena comunidade familiar? O ser humano cresce e amadurece se tiver oportunidade de fazer uma experiência de encontro consigo mesmo, com os outros, com a natureza, com o cosmo, para, assim, realizar verdadeiramente o encontro com Deus.

E o encontro só será possível se for respeitada a diversidade. A Igreja, diz o Documento 105, *é comunhão na diversidade*.

Hoje a religião, incluindo o Cristianismo e nele a Igreja Católica, corre o risco de esquecer essa dimensão fundamental do ser humano. Pode-se transformar o espaço da comunidade em *lojas* nas quais se vende o produto de um consumo religioso para satisfazer desejos individualistas. Tal comportamento tem adoecido, do ponto de vista psicológico, muita gente.

Comunidade: espaço da solidariedade

Essa é uma das dimensões humanas mais valorizadas nas CEBs. O Cristianismo, não é preciso justificar, é uma experiência de fé de grande preocupação com a realidade da vida em sociedade.

Qualquer comunidade é sempre um espaço inserido em uma sociedade política. Na complexidade do mundo moderno, não se pode pensar a solidariedade apenas do ponto de vista pessoal. O mundo está cheio de contradições sociais e se queremos, sincera e honestamente, ser sinais do Evangelho, não podemos observar tais contradições e não ter uma palavra profética.

No Documento 105 é ressaltado que é esta uma missão de toda a Igreja: "Uma Igreja 'em saída' entra na noite do povo, é capaz de fazer-se próxima e companheira, mãe de coração aberto, para curar feridas e aquecer o coração" (105, 170). Podemos afirmar, sem medo de errar, que a missão essencialmente religiosa da Igreja não exclui um posicionamento em relação às questões que produzem sofrimento na sociedade. Tem sido assim de Jesus aos nossos dias.

Mas a palavra profética é uma palavra perigosa. Ela chama atenção até mesmo daqueles e daquelas que estão confortavelmente praticando sua religião sem denunciar o pecado que invade o ser humano e a realidade social. O profeta Amós, no Primeiro Testamento, foi chamado à atenção pelo sacerdote de Israel (Am 7,12-14): *vai profetizar no interior*, pois a religião estava fechada para o clamor de justiça. Mas Amós permaneceu firme no seu propósito profético e denunciou a classe sacerdotal, que naquele momento não estava falando e agindo em favor do povo.

Comunidade: lugar da alegria

Nos encontros intereclesiais de CEBs se pode verificar uma grande alegria. Encontro sempre realizado com dificuldades. Hospedagem partilhada, comida partilhada, cultura partilhada, saber partilhado, mas sempre muito festivo.

Nos encontros das CEBs bispos, padres, leigos, muitas vezes, estão na mesma roda dançando, fazendo pausa para continuar a vida. No vídeo do 13º Intereclesial de CEBs em Porto Velho, é bonito ver o saudoso Dom Tomás Balduíno na roda de oração indígena.

A festa não é um show onde as pessoas não se encontram. A festa reúne, revitaliza o coração. É sinal de que as pessoas acreditam na ressurreição. E na festa dos pobres não há lugar reservado para os "mais importantes".

Quando o evangelista João narra as *Bodas de Caná* (Jo 2,1-12), conta uma história na qual Jesus transforma a água em vinho. Mas poucos se dão conta de que a água estava em "seis talhas de pedra para a purificação" (600 litros – seria muito vinho, não?), isto é, era uma água para uso religioso. Á água da religião se converte em vinho da festa. Portanto, Jesus nos apresenta um caminho no qual a glória de Deus se manifesta no cotidiano, pois Deus se comunica na VIDA.

Ministérios: lugar do serviço

Lavar os pés, eis a essência dos ministérios. O trabalho teológico já demonstrou, suficientemente, que o Cristianismo nasceu e se desenvolveu dentro de uma estrutura amplamente participativa. Se levarmos em consideração o contexto social e político da época na qual nasceu o Cristianismo (não havia democracia no sentido moderno), podemos afirmar, tranquilamente, que a organização dos serviços foi montada para que todos pudessem sentir-se inseridos na comunidade. Vamos resgatar alguns elementos fundamentais do processo.

Ministérios: das primeiras comunidades cristãs até o Vaticano II

Pode-se afirmar com tranquilidade que as primeiras comunidades fundamentam a ação evangelizadora na adesão a Cristo pelo Batismo (ver o 2º capítulo do Documento 105, que recorda e fundamenta muito bem essa afirmação). O Batismo é a fonte da "cidadania" cristã, e toda autoridade só é reconhecida se estiver inserida na capacidade de amar como Cristo. O poder ministerial necessita do testemunho de uma comunidade que reconhece a ação como continuidade da ação do próprio Jesus Senhor e Servo. Qualquer sinal de dominação é extremamente contraditório à comunhão com o mistério de Deus encarnado na vida.

Logo após o Concílio Vaticano II, houve um grande aumento da participação dos fiéis católicos em diversos serviços eclesiais. Somado ao ministério ordenado, o ministério não ordenado foi resgatado com muita força, pelo menos no Brasil.

Catequistas, preparadores do Batismo, animadores de comunidade, entre outros, cresceram em participação e importância. A liturgia também deu sinais evidentes de integração do povo de Deus, ainda que o processo tenha indicado necessidade de aprofundamento. Mas, inegavelmente, o que se viu no pós-Concílio foi a verificação da grande sede de integração que estava represada até 1965.

O objeto de resgate no Concílio foi a consciência de que a Igreja, em vista do processo contínuo do serviço evangelizador, é, e precisa sempre ser, *ministerial*. O serviço deve ser promovido pelos ministérios ordenados (diáconos, presbíteros e bispos) e pelos não ordenados em uma relação de inclusão e não de oposição, muito menos de submissão dos não ordenados aos ordenados. O acento está na *comunhão*. Comunhão entendida pelo fato de todos os batizados estarem incorporados a Cristo pela Igreja. Todos os batizados são *profetas, sacerdotes e reis*.

Quando o Concílio aconteceu, os elementos positivos da modernidade ainda não estavam largamente difundidos na vida das pessoas. E os elementos negativos ainda não tinham feito um grande estrago. Na atualidade temos encontrado dois extremos, como reação ao avanço da modernidade, em vários campos, inclusive o religioso: fundamentalismo, de um lado, e indiferentismo, de outro. Parece que os críticos têm optado por responder aos desafios do tempo com fundamentalismo; contrário ao espírito dialogal do Vaticano II. O Documento 105, em seu 1º capítulo, nos recorda essa realidade.

As CEBs surgiram na esteira desse processo eclesial. Vamos, então, realizar alguns apontamentos de como elas têm vivido esse espírito. Aqui existe uma grande diversidade.

CEBs e ministérios

O Documento 100 da CNBB, "Comunidades de comunidades: uma nova paróquia", fala da necessidade de reestruturação da paróquia. Ora, isso não será feito sem uma ampla participação dos batizados.

Nesse sentido, o tal documento complementa o caminho iniciado pelo Documento 100. Vamos indicar algumas dimensões ministeriais das CEBs que se aplicam perfeitamente a uma realidade paroquial.

Ministério da Palavra

A Palavra é fonte de vida. Ao redor de milhares de pequenos grupos de círculos bíblicos, muita gente se aproximou com grande profundidade da Palavra. Nas CEBs ela tem papel central.

Como garantir que as pessoas possam ler a Bíblia sem uma perspectiva fundamentalista? Como não reduzir as explicações da Palavra apenas para as homilias, nas quais ainda não se pode garantir sequer qualidade? Muitas vezes, nem mesmo na catequese se faz uma boa iniciação à leitura bíblica.

Assim, a formação bíblica se revestiu de uma função ministerial. Biblistas, como Fr. Carlos Mesters, entre outros, foram ajudando a multiplicar o número de pessoas com capacidade de partilhar a relação entre a vida e a Palavra.

a) *Ministério da liturgia*: inicialmente, em sua história, as CEBs demonstraram grande capacidade criativa para realizar os ritos. No entanto, mesmo com alguma resistência, está havendo uma unidade entre o potencial criativo e o vínculo com a tradição ritual cristã católica.

Em alguns momentos, basta nos unirmos ao processo cultural vigente, como quando comungamos com os rituais dos irmãos indígenas, ou quando nos unimos à cultura afrodescendente para enraizar a fé na história cultural.

Contudo, predominantemente, celebramos a fé no interior de um ritual tradicional. E, além do necessário processo de relação cultural, não podemos esquecer que a grande maioria das comunidades é presidida por leigos e leigas. E, essa última realidade não pode ser pensada apenas por conta da carência de ministros ordenados, mas, sobretudo, pela estrutura ministerial de toda a Igreja.

Diante de tal história, o ministério litúrgico também precisa ser ampliado e compartilhado com os batizados vocacionados para esse serviço. É necessário perceber que, no contexto atual, a vivência e a expressão ritual da fé não podem ser reduzidas a espaços nos quais só possam acontecer com a presença de um ministro ordenado.

Como garantir que, nos diversos espaços onde a vida acontece, a relação com o Deus de Jesus Cristo seja mantida com proximidade? Nas situações de falecimento e nas experiências de internação hospitalar, por exemplo? Como garantir, inclusive, a reunião frequente dos membros ao redor da Palavra? A modernidade exige do Cristianismo maior capacidade de chegar aos diversos lugares, mas não apenas através dos meios de comunicação. Um exemplo, entre outros que poderíamos citar, na experiência litúrgica das CEBs, é a oração através do Ofício Divino das Comunidades. A Palavra alimenta o caminho e a alegria do encontro humano é garantida. Os Salmos são cantados em ritmo popular e a palavra é franqueada com liberdade.

b) *Ministério da coordenação:* na história das CEBs, leigos e leigas sempre tiveram um papel de coparticipação em decisões fundamentais. Tal realidade não exige nenhuma mudança teológica, pois é próprio do ser cristão dialogar e decidir juntos. O "múnus sagrado" dado a algumas pessoas, isto é, o reconhecimento ministerial através do sacramento da Ordem, por exemplo, não torna os consagrados senhores absolutos, incapazes de errar. Uma decisão partilhada será sempre mais próxima da comunhão fraterna.

É possível, sem nenhum prejuízo à evangelização, planejar decisões pastorais, ajudar a administrar, realizar o trabalho catequético e missionário, compartilhar o serviço litúrgico, e sempre com muita qualidade.

A paróquia centralizada em uma *matriz* não responde mais aos desafios de articulação e organização das pessoas que vivem em um determinado espaço geográfico. Todo o item 2.3 do Documento 100 discorre sobre essa realidade.

Então, para que o espírito da participação seja mantido, os conselhos comunitários, paroquiais e diocesanos, bem como equipes de coordenação diocesana dos diversos serviços, sempre com ampla inclusão de leigos e leigas, tornaram-se de fundamental importância. O item 4 do 2º capítulo do Documento 105 salienta bem essa necessidade.

d) *Ministério da solidariedade:* as CEBs ficaram mais reconhecidas pelo carisma da solidariedade, e, sobretudo, da solidariedade política. Muitos membros de comunidades inclusive perderam a própria vida por buscar justiça social na realidade como um sinal da fé no caminho de Jesus Cristo no meio do mundo.

Embora sem reconhecimento oficial, muitos membros de comunidades encararam a solidariedade e a política como verdadeiro ministério. As pastorais sociais receberam e recebem contribuições que vêm dessa inspiração cristã vivida nas CEBs.

Hoje, ninguém se atreveria a afirmar que, no mínimo, assistir os irmãos e irmãs que passam necessidade não é uma tarefa evangelizadora. O Papa Bento XVI, em sua primeira enclítica, *Deus é Amor,* afirmou literalmente essa verdade.

Portanto, é da essência da ação evangelizadora a solidariedade. A questão é que não basta afirmar isso, é preciso viver. As CEBs nunca se omitiram nesse aspecto. Nesse sentido, pode haver pecados por excesso, mas não por omissão.

No mundo de hoje não cabe mais pensar a ação solidária apenas no aspecto assistencial. É necessário dar de comer a quem pede um prato de comida, porém, é preciso ir além. Vivemos em uma sociedade onde a vida é atacada por diversos meios. Ela precisa ser defendida do começo até o momento no qual se possa fazer uma Páscoa definitiva com dignidade, ou seja, até na hora da morte.

Jesus mostra preocupação pelas vítimas e chama atenção daqueles que nada fazem por elas (parábola do rico epulão e do pobre Lázaro – Lc 16,19-31). O rico não foi diretamente colocado como culpado, mas sua omissão é que foi ressaltada. Jesus nos indica que a religião não nos pode fazer cegos à dor do outro (parábola do bom samaritano – Lc 10,25-37); ele não fala da violência dos ladrões, que evidentemente não é exaltada, mas da indiferença dos religiosos (sacerdote e levita). Como os religiosos hoje se devem comportar? Por fim, Jesus indica como critério fundamental o bem que deve ser feito, e não o mal que se deixou de fazer (parábola do Juízo Final – Mt 25,31-46).

É nessa perspectiva que as CEBs, em comunhão com a Igreja do Brasil, continuam a trilhar o seu caminho, na tentativa de serem sempre fiéis ao caminho de Jesus Cristo.

Conclusão

Jesus Cristo, aquele que, sendo de condição divina, se esvaziou e se fez servo (Fl 2,6-11), convidou-nos a ser *sal, luz, fermento*, como faz o Documento 105. Ele não nos convidou a assumir estruturas de poder dominador. Ele mesmo, presença encarnada de Deus, chama os seguidores e seguidoras para continuar a missão de ser *sinal da salvação*. Ele não convoca para abrir um processo de *concorrência* com outras religiões. E o lugar para fazer *memória* do convite amoroso de Deus em Jesus Cristo é a *comunidade*. E só é *comum-unidade* se todos forem respeitados em sua dignidade. E na vida cristã a dignidade está em ser *batizado e batizada*. Então, o cumprimento da missão evangelizadora só tem sentido em uma *Igreja toda ela ministerial*. Uma Igreja que possa ser, de fato, o *lugar do perdão e da festa*, do encontro, da solidariedade, em um mundo que assiste cada vez mais ao fechamento das pessoas em si mesmas (Doc. 105, 119).

IV
Indispensável participação política dos cristãos: desafios e esperanças

Daniel Seidel

Como legado no âmbito da sociedade do Ano do Laicato, celebrado de novembro de 2017 a novembro de 2018, a Comissão Especial da CNBB, nomeada para essa missão, propôs incentivar a atuação dos cristãos leigos e leigas em espaços de democracia participativa, sobretudo em conselhos de direitos, orçamento participativo e em grupos de acompanhamento ao Legislativo, principalmente nos municípios e estados. Além disso, recomendou a mobilização para realização da auditoria da dívida pública brasileira.

Todavia, essa missão dos cristãos leigos e leigas é desafiadora e exigente. Vive-se um contexto de descrédito na política, nesse momento de ruptura da democracia brasileira e de crise profunda das instituições dos três poderes do Estado e da própria sociedade civil. Cresce a intolerância entre posições contrárias e o diálogo, capaz de edificar pontes para o entendimento e construir novo pacto social, está cada vez mais difícil.

A Igreja reconhece a participação de inúmeros

> leigos e leigas competentes nos diversos setores da sociedade – professores, políticos, juristas, médicos, cientistas, sociólogos, psicólogos, comunicadores, profissionais em diferentes áreas e artistas de todas as artes – brilham com sua competência, sua fé e seu humanismo. Contribuem com o desenvolvimento integral da humanidade, com a

missão evangelizadora da Igreja e servem ao crescimento do Reino de Deus no mundo (33).[1]

Valoriza a atuação em movimentos "sociais e políticos, colaborando na santificação das estruturas e realidades do mundo" (29).

Os desafios para a construção de sinais do Reino de Deus na história são enormes: a globalização neoliberal tem condenado a "geografias da pobreza, sobretudo o hemisfério sul do planeta. (...) O desemprego, a falta de moradia, a fome e violência são hoje fatos mundiais" (75, letra "a").

A busca do lucro a todo custo sustenta as corporações econômico-financeiras, rege a produção e o comércio mundial, seduz as nações e os indivíduos. A promessa de bem-estar e a defesa de um mercado livre sem intervenções por parte do Estado permanecem como base do capitalismo mundial, a despeito das crises que afetam nações e comunidades locais e das múltiplas formas de exclusão que persistem, sobretudo, nos países pobres (75, letra "b").

A política, assim, fica subjugada à lógica de uma economia excludente, sendo a representação parlamentar submetida aos interesses dos grupos econômicos financiadores de suas campanhas eleitorais. O conjunto de eleitores é traído porque se vê abandonado à lógica do mercado, enquanto o bem comum permanece como um ideal difícil de se alcançar. Que legitimidade têm as decisões do atual Congresso Nacional brasileiro, quando, pelas prestações de contas oficiais, se deduz que 70% dos deputados federais foram financiados por dez grandes grupos econômicos do país?

---

[1] Todas as menções de números se referem ao Documento 105 da CNBB, "Cristãos leigos e leigas na Igreja e na sociedade – sal da terra e luz do mundo (Mt 5,13-14)". Brasília: CNBB, 2016, 152p.

A corrupção é um instrumento utilizado para manter a política submetida à lógica do grande capital. Para conquistar maior lucro, utiliza-se o poder para influenciar a política segundo esses interesses. A vida das pessoas e das famílias, principalmente daquelas em situação de vulnerabilidade, não é considerada. Relatórios de impacto ambiental e das consequências para a vida dos povos e comunidades tradicionais são adulterados para possibilitar a implantação de grandes projetos de desenvolvimento que geram "poluição atmosférica e o esgotamento de recursos naturais, a devastação das florestas e o uso indiscriminado de agrotóxicos, a diminuição dos recursos hídricos e a contaminação de mananciais" (75, letra "c"). Dessa forma, a integridade da criação é ferida e a vida no planeta é ameaçada por uma economia tecnocrática que reduz as pessoas a números frios, que podem ser eliminados se "atrapalharem" o progresso.

A partir desses exemplos, percebe-se que a corrupção não é uma ação apenas da ordem ética e moral de conduta, é um modo de agir no mundo globalizado. Nas últimas décadas, como diretrizes estabelecidas nos Fóruns Econômicos Mundiais na Suíça, executivos de grandes bancos ou financeiras ocupam espaços públicos como presidentes de bancos centrais e ministros da Fazenda em países dos cinco continentes, para colocar a economia dos países a serviço do lucro de corporações multinacionais. A concentração de riqueza e rendas é brutal: menos de 70 famílias detêm a riqueza de metade da humanidade!

O que acontece no Brasil não foge a essa lógica internacional, de uma "economia que mata", como denuncia, proféticamente, o Papa Francisco. É o chamado "sistema da dívida", que aprisiona economias inteiras dos países para servir, com sacrifício de seus povos, ao lucro do capital. Por isso, a centralidade da mobilização pela realização da auditoria da dívida pública no país. Há previsão constitucional para sua realização no artigo 26 do Ato das Disposições Constitucionais Transitórias, da Constituição Federal de 1988, transcrito abaixo:

Art. 26. No prazo de um ano a contar da promulgação da Constituição, o Congresso Nacional promoverá, através de Comissão mista, exame analítico e pericial dos atos e fatos geradores do endividamento externo brasileiro.

§ 1º A Comissão terá a força legal de Comissão parlamentar de inquérito para os fins de requisição e convocação, e atuará com o auxílio do Tribunal de Contas da União.

§ 2º Apurada irregularidade, o Congresso Nacional proporá ao Poder Executivo a declaração de nulidade do ato e encaminhará o processo ao Ministério Público Federal, que formalizará, no prazo de sessenta dias, a ação cabível.

Destarte, o desafio dos cristãos leigos e leigas será sempre "examinar tudo e ficar com o que é bom (1Ts 5,21). Sua missão é construir o tempo presente, na perspectiva do Reino que já está entre nós, mas sempre há de vir como graça que não esgota em nenhuma das conjunturas históricas" (78).

A participação no interior da Igreja não deve "substituir, nem mesmo diminuir o empenho dos cristãos leigos e leigas no campo do mundo, primeiro e mais condizente com seu estado laical, o campo das realidades temporais, que são chamados a ordenar conforme a vontade de Deus" (88). "A Igreja da escuta, do diálogo e do encontro se insere no mundo, como quem ensina e aprende, diz sim e diz não, mas, sobretudo, como quem serve" (90).

Cristãos leigos e leigas são chamados a ser fermento por meio de sua ação na sociedade. "O fermento, quando misturado à massa, desaparece. No entanto, aquela massa já não é mais a mesma" (169). Essa é a lógica da participação dos cristãos no mundo: atuar de forma que os valores do Reino cresçam na sociedade e produzam frutos de justiça e paz, por meio da ação transformadora.

Todos, homens e mulheres, são chamados por seu Batismo e Crisma a realizarem sua tripla missão: ser fonte de bênçãos, no sacerdócio comum dos fiéis; organizar e animar a vida comunitária e fraterna, como ungidos, para governar; e exercer seu profetismo batismal, denunciando as injustiças e apontando para os sinais do Reino que mantêm viva a esperança.

Tal exercício da missão batismal requer "sustentação" na vivência de uma espiritualidade encarnada. "Não podemos querer um Cristo sem carne e sem cruz." "Uma espiritualidade encarnada caracteriza-se pelo seguimento de Jesus, pela vida no Espírito, pela comunhão fraterna e pela inserção no mundo" (184). É realizar o seguimento do Deus, Uno e Trino, vivendo a experiência de uma "Igreja em saída", "pobre, para os pobres, com os pobres" (179), uma "Igreja do serviço, da escuta e do diálogo" que promove a "cultura do encontro" (182).

A espiritualidade encarnada dos cristãos leigos e leigas se alimenta na Palavra de Deus e na Eucaristia (185), cuidando da "integridade da consciência e do coração" e dando "sentido cristão ao compromisso e às atividades" (186). "A experiência do encontro pessoal com Jesus, sempre renovada, é a única capaz de sustentar a missão. Por isso, deve dedicar tempo à oração sincera" (187). "Este encontro com Jesus Cristo leva a uma espiritualidade integral. Esta contempla a conversão pessoal, o discipulado, a experiência comunitária, a formação bíblico-teológica e o compromisso missionário" (n. 188).

Em sua inserção no mundo, os cristãos leigos e leigas

> são convidados a viver a espiritualidade de comunhão e missão. Comunidade missionária, a Igreja está voltada ao mesmo tempo para dentro e para fora (...) tem seu fundamento na comunidade trinitária e no mandamento do amor. O outro não é apenas alguém, mas um irmão, dom de Deus, continuação da Encarnação do Senhor. As atitudes da alteridade e gratuidade são expressão da espiritualidade de comunhão (193).

"Graças ao seu entusiasmo e ousadia missionária, o cristão leigo colocará em prática o pedido do Papa Francisco: 'Nenhuma família sem teto, nenhum camponês sem terra, nenhum trabalhador sem direitos, nenhum povo sem soberania, nenhuma pessoa sem dignidade'" (181).

"Como membros da Igreja e verdadeiros sujeitos eclesiais, os cristãos leigos e leigas, a partir de sua conversão pessoal, tornam-se agentes transformadores da realidade" (243). E essa ação

> pode ter diferentes modos de realização: a) o testemunho; b) a ética e a competência no exercício profissional; c) o primeiro anúncio nos encontros pessoais; d) os serviços, pastorais, ministérios como presença da Igreja no mundo; e) a inserção na vida social, através das pastorais sociais e nas lutas sociais; e f) os meios de organização e atual na vida cultural e política para a transformação da sociedade (244).

"Discernir as condições em que se encontra e a busca dos meios mais coerentes e eficazes de agir. Isto é uma tarefa permanente que solicita atitude profunda de fé e aprofundamento da razão. (...) é compromisso de cada um dos que se dispõem a seguir o Mestre" (245).

> O Reino de Deus é o horizonte maior e a reserva inesgotável da justiça e de fraternidade que orienta a ação transformadora dos cristãos no mundo. (...) A força do Reino coloca todo sujeito eclesial em postura ativa; em atitude de prontidão para o serviço, buscando formas concretas em que o amor afaste o ódio; o diálogo vença os antagonismos, a solidariedade supere os isolamentos; a justiça suplante as injustiças, para que se estabeleça no mundo a civilização do amor e da paz (247).

Para ser transformadora, é preciso que a ação atenda a seis critérios gerais: a) incluir a Igreja, a sociedade e cada sujeito individual; b) discernir realidades concretas; c) preferir a ação ao invés da estabilidade e da estagnação; d) incluir a opção preferencial pelos pobres, a solidariedade, a defesa da vida, especialmente onde ela é negada ou agredida, o cuidado com a criação, a liberdade religiosa, o direito à objeção de consciência; e) promover a cultura do encontro, dialogando com o mundo social, cultural, religioso e ecumênico, vivenciando a fraternidade; e f) considerar a "primazia do humano", para não cair em idolatrias (cf. 248).

É preciso estar atento a quatro princípios que permeiem a ação transformadora, conforme ensinamento do Papa Francisco na "Alegria do Evangelho": 1) *o tempo é superior ao espaço*, por isso "dar maior prioridade a iniciar processos que gerem dinamismos na sociedade, comprometendo outras pessoas e grupos, do que ocupar espaços (cargos)"; 2) *a unidade prevalece sobre os conflitos*, levando a "encarar o conflito e buscar caminhos de superação na direção de uma comunhão maior", agregando as contribuições que trazem as diferenças; 3) *a realidade é mais importante que as ideias*, requerendo acolher "a realidade concreta com seus desafios em cada momento da ação", ao invés de ficar preso em idealismos ou ideologias; e 4) *o todo é superior à parte*, as ações locais, "lugar imediato da ação e da encarnação do ideal", devem se orientar por estratégias globais, evitando "todas as formas de isolamentos locais e de relativismos individualistas" (cf. 249).

Os cristãos leigos e leigas "são os primeiros membros da Igreja a se sentirem interpelados na missão junto" aos areópagos modernos, "grandes áreas culturais ou 'mundos' ou fenômenos sociais ou, mesmo, sinais dos tempos" (251): a) família (de 255 a 256); b) política (de 258 a 263); c) políticas públicas (de 264 a 266); d) trabalho (267); e) cultura e educação (268 e 269); f) comunicações (270 e 271); g) cuidado com a "casa comum" (272); e h) outros campos de ação (273). "A Igreja deve inserir-se na luta pela justiça pela via da argumentação racional e deve despertar as forças espirituais sem as quais a justiça não poderá afirmar-se, nem prosperar" (253) nesses areópagos modernos. É a partir da Eucaristia que "nasce a coragem profética: 'não podemos ficar inativos perante certos processos de globalização que fazem crescer desmesuradamente a distância entre ricos e pobres em âmbito mundial. Devemos denunciar quem dilapida as riquezas da terra. É impossível calar" (254).

Em razão desse artigo, o foco será os areópagos do mundo da política e das políticas públicas. Interpela o Papa Francisco: "que cresça o número de políticos capazes de entrar num autêntico diálogo que vise efetivamente sanar as raízes profundas e não a aparência dos males do nosso mundo (...) políticos que levem verdadeiramente a sério a sociedade, o povo, a vida dos pobres" (n. 258) "É missão da Igreja oferecer critérios éticos, educação política, conscientização e formação de leigos para o exercício da política. 'A militância política é missão específica dos fiéis leigos que não se devem furtar às suas obrigações neste campo'" (n. 261). O cristão leigo e leiga "é chamado a assumir diretamente a sua responsabilidade política e social" (262).

Com base nesse alicerce, três elementos são fundamentais para sustentar a fidelidade à missão dos cristãos leigos e leigas na participação na construção da sociedade: formação, espiritualidade e acompanhamento.

> Para isso, é urgente que as dioceses busquem: a) estimular a participação dos cristãos leigos e leigas na política; b) impulsionar a criação de mecanismos de participação popular para democratização do Estado, com o fortalecimento do controle social (conselhos de direitos e grupos de acompanhamento ao Legislativo) e de gestão participativa (orçamento participativo, por exemplo); c) incentivar e preparar para participação em partidos políticos para serem candidatos e candidatas ao Executivo e ao Legislativo; d) esclarecer às comunidades que há várias maneiras de fazer política: participar dos conselhos de políticas públicas, nos movimentos sociais, nos conselhos das escolas, na coleta de assinaturas em

projetos de lei de iniciativa popular, nos comitês de combate à corrupção eleitoral (Leis 9840/99 e 135/2010 – Ficha Limpa); e) criar cursos ou escolas de fé e política (ou de "fé e cidadania") nas dioceses e nos regionais da CNBB; e f) promover reuniões, encontros, momentos de oração e reflexão, e retiros para acompanhar cristãos leigos e leigas que estejam no exercício de mandatos no Executivo, Legislativo, Judiciário e no Ministério Público; bem como para aqueles que participam de conselhos de políticas públicas, para que vivam sua missão profética nestes espaços de atuação (cf. 263).

Há o reconhecimento e valorização da Igreja com as várias iniciativas existentes no país que cumprem essa missão de formação, espiritualidade e acompanhamento: do Centro Nacional de Fé e Política "Dom Helder Camara" – CEFEP (http://www.cefep.org.br/); da Comissão de Fé e Política do Conselho Nacional do Laicato do Brasil – CNLB (http://www.cnlb.org.br); dos encontros, cursos e escolas de fé e política promovidos por regionais da CNBB, dioceses, movimentos eclesiais, Pastorais de Fé e Política, Pastorais Sociais e Organismos, Pastorais da Juventude, CEBs (http://www.cebsdobrasil.com.br/) e pelo Movimento Nacional Fé e Política (www.fepolitica.org.br) (cf. 263, letra "e").

Como legado no âmbito da sociedade, o Ano do Laicato quer incentivar a participação dos cristãos leigos e leigas nos conselhos de direitos, visto que eles "são espaços para defender políticas públicas em favor das famílias, das crianças, dos jovens, das mulheres e dos idosos" (265). Com a grave ameaça aos direitos sociais que as reformas trabalhista e da Previdência Social, em tramitação no Congresso Nacional, representam, a participação nos conselhos fortalecem a democracia e criam resistência popular ante o desmonte das políticas públicas.

Uma das formas mais eficazes de cumprir a missão profética dos cristãos leigos e leigas é o engajamento nas mobilizações sociais contra a reforma da Previdência Social e a reforma trabalhista, além de defender a Constituição Cidadã de 1988, participando das iniciativas para realizar a auditoria da dívida pública do Brasil. É importante conhecer as atividades propostas pela auditoria cidadã da dívida, como a consulta nacional (disponível na página http://www.auditoriacidada.org.br/), bem como organizar formas de coleta de assinaturas e realizar educação política para que as pessoas compreendam como o pagamento da dívida pública sacrifica recursos (mais de 40%) do orçamento da União que poderiam financiar as políticas públicas, que dá lucros bilionários aos bancos, apesar da crise econômica. A participação dos cristãos leigos e leigas é indispensável para o resgate da democracia no Brasil.

V
Espiritualidade e política: cinco apelos aos cristãos leigos e leigas

Lúcia Pedrosa-Pádua

Espiritualidade e política se articulam internamente porque ambas são chamadas a acolher o mesmo dinamismo: o amor. O cristão leigo e leiga, convidado a ser verdadeiro sujeito eclesial, é chamado a abrir-se a esse dinamismo.

Por um lado, a espiritualidade é um movimento integral e integrador de deixar-se conduzir pelo Espírito de Deus (Rm 8,14), que é Espírito de amor, pois Deus é amor. Por sua vez, a política é uma forma do amor, pois o amor, afirmou Bento XVI, dinamiza não apenas as microrrelações, como amigos, família ou pequenos grupos, mas também as macrorrelações, como os relacionamentos sociais, econômicos e políticos (CV 2). A política é, nas palavras do Papa Francisco, "uma das formas mais preciosas da caridade" (EG 205).

Assim sendo, uma espiritualidade integral e integradora que, de fato, queira tornar realidade a justiça e o bem comum inspirados pelo amor, possui uma intrínseca dimensão política e não pode negá-la. E uma política que, de fato, deseje ser sinal do amor de Deus para com todos e todas, já está abraçada pela espiritualidade.

O Documento 105 da CNBB, "Cristãos leigos e leigas na Igreja e na sociedade; sal da terra e luz do mundo (Mt 5,13-14)", traz importantes indicações para a vivência dessa espiritualidade integral de todos os cristãos e, de modo particular, do cristão leigo e leiga. Ressaltaremos nesta reflexão *cinco interpelações* do documento na renovação da espiritualidade laical rumo a maior integração e irradiação sociopolítica.

Apelo a ocupar postos e atividades políticas: deixar-se conduzir pelo Espírito de coragem

O Documento 105 faz um eco decidido da exortação do Papa Francisco:

> Apesar de se notar uma participação de muitos nos ministérios laicais, este compromisso não se reflete na penetração dos valores cristãos no mundo social, político e econômico; limita-se muitas vezes às tarefas no seio da Igreja, sem um empenhamento real pela *aplicação do Evangelho na transformação da sociedade* (134).

Assim sendo, sem negar a necessária presença dos cristãos leigos e leigas nas estruturas eclesiais, há um apelo a ocupar postos e cargos nos areópagos desafiantes do nosso tempo, dentre os quais se encontram, de modo particular, a política e as políticas públicas (258-266).

O apelo dos papas, no sentido da participação política, vem sendo crescente. Não há subterfúgios, os cristãos leigos "não podem absolutamente abdicar da participação na política destinada a promover o bem comum" (João Paulo II, 261); o cristão leigo não deve acompanhar de fora, mas "assumir diretamente a sua responsabilidade política e social" (Bento XVI, 262); são necessários políticos capazes de realizar ações políticas que visem "sanar as raízes profundas e não a aparência dos males do nosso mundo" e cristãos não alienados dos acontecimentos que afetam a todos (Francisco, 258). A participação política é ampla e tem várias frentes. A CNBB faz um apelo particular à colaboração e parcerias na sociedade civil em favor da execução de políticas públicas nos conselhos de direitos, voltadas ao bem comum, nas áreas da saúde e da educação, do emprego e da segurança, da mobilidade urbana e do lazer, entre outras urgências. São espaços "em favor das famílias, das crianças, dos jovens, das mulheres e dos idosos. São também o lugar para lutar corajosamente contra a corrupção e o narcotráfico" (265). São espaços do exercício da cidadania, do profetismo e da promoção do bem comum (266).

Vencer o desânimo, a indiferença e o desencanto na política e adotar posturas ativas é uma das tarefas mais urgentes do nosso tempo e está relacionada com a espiritualidade. Pois a espiritualidade cristã deixa-se conduzir pela força irreprimível do Reino de Deus que, como o grão de mostarda (Mt 13,32), está já presente no mundo criado e salvo em Jesus Cristo, com brotos de vida nova e esperança. A esperança é, assim, um mandamento. Urge colocar à luz e desenvolver as virtualidades evangélicas que já se encontram presentes e operantes no mundo, embora escondidas (63). A Igreja precisa de cristãos que assumam cargos de dirigentes, inspirados nos valores da Doutrina Social da Igreja e da teologia do laicato (65), para ser sinal do amor e da libertação de Deus.

Apelo a olhar a realidade sociopolítica segundo um Espírito de discernimento

O documento vê a realidade com a lente da complexidade e das contradições do mundo globalizado (75), que atingem as estruturas e as pessoas em sua existência e, por que não, em sua espiritualidade, pois encobrem os caminhos do Espírito de amor.

Assim, promessas de desenvolvimento são respondidas com um alto preço de desemprego, falta de moradia, fome e violência para grande parte das populações. Promessas de bem-estar e exigências de livre mercado são respondidas com múltiplas formas de exclusão, longe de serem superadas. Enriquecimento de grupos e localidades geram alto preço de degradação ambiental, ficando o desenvolvimento sustentável cada dia mais longe. A busca do enriquecimento a qualquer preço cega e gera corrupção nas elites econômicas e políticas, cria redes mundiais de tráfico de drogas e de pessoas, impulsiona as mais diversas formas de violência e a moral da impunidade. É possível enfrentar tão graves situações sem ações políticas?

Diante de tudo isso, o documento propõe o espírito do discernimento (78) para a Igreja e para cada cristão: trata-se de examinar tudo e ficar com o que é bom (1Ts 5,21), na confiança de que o Espírito conduz à verdade (Jo 16,13). O perigo é classificar toda a realidade como negativa e acovardar-se diante dela. Ou aplaudir indistintamente os "fogos de artifício" do mundo globalizado (260). Ao contrário, discernir é olhar com coragem, é aprender a criticar, é orar a vida diante da Palavra e do olhar de quem sofre, é escolher responsável e solidariamente, é propor – enfim é ser sujeito ativo e criativo.

Dentro do espírito de discernimento, o documento propõe uma verdadeira conversão na forma de ver a Igreja, como comunidade que se abre permanentemente para as urgências do mundo e se renova em seus métodos e estruturas em prol do serviço e da prática do amor (85).

Apelo a cultivar uma espiritualidade que ajude a remover entraves da relação do cristão com a sociedade e a política

O cristão leigo é verdadeiro sujeito quando

> cresce na consciência de sua dignidade de batizado, assume de maneira pessoal e livre as interpelações da sua fé, abre-se de maneira integrada às relações fundamentais, *com Deus, com o mundo, consigo mesmo e com os outros*, e contribui efetivamente na humanização do mundo, rumo a um futuro em que Deus seja tudo em todos (124).

O problema é que essas relações fundamentais, explicitadas anteriormente, nem sempre estão integradas na espiritualidade do cristão leigo e leiga. De fato, muitos cristãos não conseguem enxergar a relação entre a espiritualidade e a sua ação política na sociedade, seu trabalho no mundo ou mesmo seus momentos de lazer.

O documento é lúcido ao perceber fortes entraves à integração entre a espiritualidade cristã e a ação no mundo, enraizados em dualismos reforçados historicamente, ao longo de séculos. Esses dualismos opõem e excluem mutuamente realidades que deveriam estar articuladas de maneira fecunda. São apontados claramente alguns desses obstáculos, com o objetivo de conversão, rumo a uma atitude integradora e articuladora, para que os cristãos leigos e leigas possam desenvolver-se como verdadeiros sujeitos eclesiais (133). O documento alerta que o cristão leigo, orientado por essas oposições, que às vezes se tornam divisões, "corre o risco do comodismo, da indiferença, da intolerância e da incoerência em sua vida de sujeito eclesial e cidadão do mundo" (134).

Trazemos aqui os principais entraves apresentados no documento e o apelo de cada um à conversão, rumo à espiritualidade integradora.

Oposição-exclusão entre a fé e a vida

Segundo essa mentalidade e prática, o mundo da fé seria superior e, até mesmo, oposto ao mundo da vida. Por fé, entende-se tudo o que se relaciona ao mundo espiritual, ao culto e aos sacramentos. Do outro lado, estaria a vida comum: o trabalho, as funções e os compromissos familiares, a educação dos filhos, o mundo da política etc. Nessa visão errônea, fé e vida seriam dois espaços que se opõem e até se excluem.

Diante disso, o documento convida à contemplação da vida de Jesus nos Evangelhos, que integrava a vida como um todo, não apenas partes: "Jesus nos mostra como a fé em Deus se expressa em todas as dimensões da vida: pessoal (Mt 6,21), familiar (Mt 19,14; Lc 15,11), comunitária (Mt 18,21), profissional (Lc 19,8), sociopolítica (Mt 6,24; 25,35), religiosa (Mt 7,21)", e finaliza exortando a viver e realizar ações consequentes para a revelação e expansão do Reino de Deus na história (133.a).

Oposição-exclusão entre sagrado e profano

A relação de oposição-exclusão entre sagrado e profano, denunciada no documento (133.b), acontece quando objetos, pessoas, situações, tempos e lugares sagrados são postos em oposição a objetos, pessoas, situações, tempos e lugares que seriam profanos, isto é, separados de Deus ou indiferentes à dimensão religiosa.

Diante dessa atitude de oposição e exclusão, o Documento 105 mais uma vez convida à contemplação da vida integrada de Jesus nos Evangelhos, considerando como ele "nos indica que tudo, menos o pecado, pode ser mediação do amor de Deus e que é precisamente no mundo da vida que o amor de Deus se manifesta". E continua argumentando como Jesus

> não frequentava apenas as sinagogas (espaço "sagrado"), mas também atuava nas barcas, nas margens do lago, nas casas, nas cidades, nos caminhos. Jesus orava em silêncio, em lugares desertos (Mc 1,35) e também frequentava eventos festivos. Não viveu isolado, mas se relacionou com todo tipo de pessoas, chegou mesmo a dizer que os publicanos e as prostitutas precederiam os anciãos e os sumo sacerdotes no Reino de Deus (Mt 21,31).

São importantes indicações para a espiritualidade dos cristãos leigos e leigas: contemplar Jesus e deixar-se conduzir por seu Espírito, assumindo as suas mesmas atitudes integradoras da vida, descobrindo que "tudo pode ser mediação para a manifestação da misericórdia maravilhosa de Deus, que vai além de todo entendimento e transforma as pessoas".

Nesse sentido, o documento evoca ainda o testemunho de Santa Teresa de Ávila, Doutora da Igreja e mestra da espiritualidade cristã, para quem "entre as panelas está o Senhor". E conclui: "por isso, os cristãos não devem se isolar naquilo que é considerado 'sagrado'". Ao contrário, devem aprender a integrar e relacionar todos os espaços da vida, descobrindo aí os sinais do Reino e sendo deles testemunhas.

Oposição-exclusão entre a Igreja e o mundo

O documento alerta para o perigo de uma espiritualidade segundo a qual a Igreja é um refúgio e lugar para o encontro com Deus, enquanto o mundo é lugar do pecado, da perdição, da maldade (133.c).

As atitudes daninhas decorrentes dessa oposição podem ser diversas, como a fuga do mundo em direção às sacristias, conventos e templos, a desvalorização da presença do Espírito nas realidades criadas por Deus, a cegueira diante do mal presente também no interior da própria Igreja, a indiferença diante dos sinais do Reino de Deus presentes em outras religiões e na história.

Diante desse dualismo, o cristão é chamado a contemplar a "novidade maravilhosa da encarnação" que nos leva a valorizar este único mundo e esta única história onde vivemos e que nos compete transformar, em unidade com todo o gênero humano.

Não se nega que, nos Evangelhos, o mundo seja uma realidade ambígua. O Evangelho de João, em especial, destaca o mal que, presente nos seres humanos e nas estruturas do mundo, volta-se contra o Cristo e seus discípulos (Jo 15,18-19). E Marcos fala da presença do joio e do trigo, convivendo no Reino de Deus (Mt 13,24s). Mas, diz o documento, "isto não justifica uma fuga ou isolamento do mundo", pelo contrário. Trata-se de um desafio a experimentar que "é missão da Igreja abrir caminhos de vida em meio a avanços e conquistas, mesmo no interior das situações de violência, perseguição e morte no mundo". O mistério da encarnação qualifica a espiritualidade cristã: ela é "encarnada, martirial e pascal".

Oposição-exclusão entre ser cristão e ser cidadão

Não há oposição entre ser cristão e ser cidadão, ao contrário, há inter-relação. O mesmo movimento que constrói a Igreja constrói também cidadãos que se sabem reconhecer e conviver. Há relação entre comunhão e participação na Igreja e presença ativa no mundo (170). Interessante é refletir sobre o próprio título do segundo capítulo do Documento 105, a indicar que o sujeito eclesial é *discípulo missionário* e *cidadão do mundo*.

O compromisso sociopolítico transformador nasce do amor apaixonado por Cristo (167), alimenta-se da contemplação do próprio modo de agir de Deus: ele "desce" e "entra" em nosso mundo e em nossa história para assumir em tudo a nossa existência. Por isso, quando imaginamos, erroneamente, que para encontrar e servir a Deus devemos nos "elevar", no sentido de deixar as coisas do mundo, pedimos a conversão para agir inspirados no Evangelho: também nós devemos "descer" e "entrar" em tudo o que é humano, que constrói um mundo mais humano e que nos humaniza e, ali, buscar as mediações do amor, quer sejam políticas, jurídicas, culturais ou econômicas (169-171). Trata-se de um serviço cristão ao mundo, missão de todo o povo de Deus.

Apelo a dar um passo a mais em direção a uma espiritualidade encarnada

A proposta do documento é uma espiritualidade integral e integradora (188). É integral porque o deixar-se conduzir pelo Espírito atinge o ser humano como um todo, corpo, mente e espírito. É integradora porque inclui e articula todas as dimensões humanas, como a espiritual, comunitária, eclesial, familiar, sociopolítica e cultural.

Trata-se de um forte desafio dos nossos tempos fragmentários, o que fortalece esse apelo. A espiritualidade intimista e individualista deve ser discernida e rejeitada, afinal, ela é uma verdadeira tentação "que dificilmente se coaduna com as exigências da caridade, com a lógica da encarnação" (184). A espiritualidade cristã sempre terá por fundamento os mistérios da encarnação e da redenção de Jesus Cristo. Esse enfoque deve permear a formação laical desde o processo da iniciação cristã.

Para ser sal e fermento do mundo, com suas tensões e desafios, torna-se mais necessário que nunca se imbuir do Evangelho e alimentar-se da Palavra de Deus. Para isso, a oração e a contemplação são fundamentais. "É preciso cultivar um espaço interior dinamizado por um espírito contemplativo que ajude a cuidar da integridade da consciência e do coração e dê sentido cristão ao compromisso e às atividades" (186). Nesse espaço é possível um encontro significativo com o Deus revelado em Jesus Cristo, que nos convence, humaniza e impulsiona. Um encontro que nos ajude a viver uma vida nova e, portanto, a buscar essa vida nova para todos, também no espaço público.

A experiência do encontro pessoal com Jesus sustenta a missão, daí a centralidade da leitura orante dos Evangelhos, da participação nos sacramentos, do olhar sensível à realidade sofrente. Cristãos leigos e leigas são convidados a dar um passo a mais nesse caminho.

Para iniciar, como seria importante dar um passo a mais no conhecimento interno do Evangelho de Deus (Mc 1,14): o Jesus dos Evangelhos.

Apelo a envolver-se na formação do sujeito eclesial, em quem espiritualidade e política caminham juntas

A valorização da vocação de todos os batizados acende o alerta da necessária formação, que se renova nas novas gerações. Cada membro é chamado a ser um sujeito eclesial consciente e ativo, e isso implica ser sujeito de sua formação em algum nível. A formação é chamada a ser uma "paixão das comunidades eclesiais" (229). Uma formação continuada, acompanhada e que dê tempo aos processos de transformação que só o Espírito realiza.

O documento afirma que a formação bíblica, catequética, litúrgica, moral e espiritual é a base de todo o processo formativo. Mas uma formação que não se paute nos antagonismos tratados anteriormente. Transversalmente, devem estar presentes temas como: a pessoa e a prática de Jesus Cristo, a missionariedade e a relação Igreja-Mundo-Reino; a análise da realidade à luz da Doutrina Social da Igreja; a dimensão comunitária; a opção pelos pobres; a educação para a justiça; a relação fé e política; a antropologia cristã, especialmente o relacionamento humano, a sexualidade e a afetividade humanas (236).

Ênfase é dada no aprofundamento na rica Doutrina Social da Igreja (237), com seus princípios e reflexões norteadores da dimensão sociopolítica da fé. Além da formação teórico-prática que vem da participação nas pastorais sociais (205, 274).

Enfim, o cristão leigo, sujeito eclesial, é convidado, de maneira mais contundente, a articular o seu testemunho pessoal cristão com sua atuação na sociedade civil organizada, na vida cultural e política, "tendo em vista contribuir para a transformação da sociedade e a construção do mundo justo, sustentável e fraterno" (244).

Conclusão

O Documento 105, "Cristãos leigos e leigas na Igreja e na sociedade; sal da terra e luz do mundo (Mt 5,13-14)", ao mesmo tempo anima e interpela cristãos leigos e leigas a uma espiritualidade mais integral e integradora, missionária e irradiadora do amor de Deus na sociedade. A justiça e o bem comum não podem ficar para trás, na espiritualidade cristã. É a hora dos leigos, e o "dia da salvação" é "agora" (2Cor 6,2). Estamos alertas?

Neste texto, identificamos *cinco apelos* para a maior fecundação mútua entre espiritualidade e política:

– ocupar postos e atividades políticas: deixar-se conduzir pelo Espírito de coragem;

– olhar a realidade sociopolítica segundo o Espírito de discernimento;

– cultivar uma espiritualidade que ajude a remover entraves da relação do cristão com a sociedade e a política: a oposição-exclusão entre a fé e a vida, a oposição-exclusão entre o sagrado e o profano, a oposição-exclusão entre a Igreja e o mundo, a oposição-exclusão entre ser cristão e ser cidadão;

– dar um passo a mais em direção a uma espiritualidade encarnada;

– envolver-se na formação do sujeito eclesial, em quem espiritualidade e política caminham juntas.

Por qual desses apelos vamos começar?
Quando?

VI
Os desafios da organização do laicato como sujeito eclesial

Marilza José Lopes Schuina

O Concílio Ecumênico Vaticano II define a Igreja como povo de Deus, em que todos têm função e caminham juntos na corresponsabilidade da missão, na unidade e na comunhão, fazendo acontecer o Reino de Deus – todos profetas, sacerdotes e reis. Todos os batizados têm seu lugar como sujeitos da evangelização.

Para bem cumprir sua missão hoje e atenta aos sinais dos tempos, a Igreja se organiza e se estrutura. Nesse sentido, o laicato maduro, consciente de sua identidade, vocação, missão e espiritualidade, também se vai organizando diante dos desafios da Igreja e principalmente diante dos desafios da sociedade.

Esse laicato, consciente da sua vocação, vai se constituindo sujeito nas atividades no interno da Igreja e no tecido humano da sociedade. Embora tenha sido tratado por quase dois mil anos como "objeto de cura pastoral", o laicato tem percorrido um difícil caminho para se constituir sujeito.

O século XX propiciou à Igreja a percepção de que era necessário estar presente no dia a dia da sociedade. Como bem sabemos, a Ação Católica surge no Brasil para que o leigo e a leiga possam agir em nome da Igreja, mandados pelo bispo, sendo, portanto, a extensão da figura do bispo, sem uma clara consciência do ser e fazer do leigo e da leiga como sujeitos. É um começo.

Com a proclamação conciliar de Igreja povo de Deus, desperta-se nos leigos e leigas a consciência de uma vocação plena, de que não mais precisam ser guiados como crianças, muito embora até hoje ainda existam leigos e leigas que só agem se o padre permitir, se o bispo mandar, sem uma clara consciência de que eles são Igreja e sujeitos em relação com os demais sujeitos.

A vocação laical

O Concílio Vaticano II, na Constituição Dogmática *Lumen gentium*, apresenta uma definição positiva do leigo e da leiga como homens e mulheres que estão no mundo e agem nas diferentes realidades. Os leigos e as leigas são os fiéis incorporados a Cristo pelo Batismo, constituem-se povo de Deus, partícipes do múnus profético, sacerdotal e real de Cristo, sendo testemunhas autênticas de sua fé, vocação e missão no mundo.

> A vocação própria dos leigos é administrar e ordenar as coisas temporais, em busca do Reino de Deus. Vivem, pois, no mundo, isto é, em todas as profissões e trabalhos, nas condições comuns da vida familiar e social, que constituem a trama da existência. São aí chamados por Deus, como leigos, a viver segundo o Espírito do Evangelho, como fermento de santificação no seio do mundo, brilhando em sua própria vida pelo testemunho da fé, da esperança e do amor, de maneira a manifestar Cristo a todos os homens. Compete-lhes, pois, de modo especial, iluminar e organizar as coisas temporais a que estão vinculados, para que elas se orientem por Cristo e se desenvolvam em louvor do Criador e do Redentor (5).

Pio XII já afirmava: "Os fiéis leigos estão na linha mais avançada da vida da Igreja: por eles, a Igreja é o princípio vital da sociedade. Por isso, eles, sobretudo, devem ter uma consciência cada vez mais clara, não somente de que pertencem à Igreja, mas de que são Igreja..." (109).

O decreto conciliar *Apostolicam actuositatem* reforça essa atuação do leigo e da leiga no mundo. Afirma que os leigos são "cooperadores da verdade" (AA, 6a), que é necessária uma colaboração de todos os cristãos para que a mensagem alcance todos os homens e em toda parte, para que todo o mundo seja santificado.

Os leigos exercem o seu multíplice apostolado tanto na Igreja quanto no mundo. Numa e noutra destas ordens, se abrem a vários campos de atuação apostólica. Queremos recordar aqui os principais. São os seguintes: as comunidades da Igreja, a família, os jovens, o ambiente social e a ordem nacional e internacional (AA, 9).

Na *Evangelii nuntiandi*, o Beato Paulo VI explicita o caráter vocacional da ação do leigo:

> A sua primeira e imediata tarefa não é a instituição e o desenvolvimento da comunidade eclesial – esse é o papel específico dos pastores – mas sim, (...) o vasto e complicado mundo da política, da realidade social e da economia, como também o da cultura, das ciências e das artes, da vida internacional, dos *mass media* e, ainda, outras realidades abertas à evangelização, como sejam o amor, a família, a educação das crianças e dos adolescentes, o trabalho profissional e o sofrimento (6).

Na exortação apostólica *Christifideles laici*, São João Paulo II reafirma a índole secular da vocação laical:

> As imagens do sal e da luz, embora se refiram indistintamente a todos os discípulos de Jesus, são particularmente significativas se aplicadas aos cristãos leigos e leigas. Expressam sua inserção profunda e participação plena nas atividades e situações da comunidade humana e, sobretudo, falam da novidade e originalidade de uma inserção e de uma participação destinadas à difusão do Evangelho que salva (13).

É na sociedade humana, como membros da Igreja, que se efetiva a vocação laical, chamada à construção do Reino e à conquista desejada por Cristo para denunciar tudo aquilo que impede o surgimento do Reino, como a injustiça e a iniquidade, a corrupção dos poderes, os sistemas econômicos, sociais e políticos que colocam o homem como objeto de suas decisões e não como sujeito. Por isso, essa forma de denúncia profética deve vir acompanhada de práticas que busquem uma alteração radical nas relações entre os homens e as mulheres, priorizando os empobrecidos e que estão à margem da sociedade.

Não podemos esquecer que a índole secular é para toda a Igreja, ainda que de maneira diferente, assim como é responsabilidade da vocação laical também "os vários ofícios e funções que os fiéis leigos podem legitimamente desempenhar na liturgia, na transmissão da fé e nas estruturas pastorais da Igreja" (cf. 23).

Afirma o Beato Paulo VI que "os leigos podem também se sentir chamados ou vir a ser chamados para colaborar com os próprios pastores no serviço da comunidade eclesial, para o crescimento e a vida da mesma..." (EN 73). E o Documento de Aparecida faz eco a essa afirmação, quando diz que "os leigos também são chamados a participar na ação pastoral da Igreja, primeiro com o testemunho de vida e, em segundo lugar, com ações no campo da evangelização, da vida litúrgica e outras formas de apostolado..." (DAp 211). Dessa forma, não podemos mais descolar a ação dos leigos e leigas das ações pastorais. O que seria de milhares de comunidades de base por este Brasil sem a ação pastoral do laicato?

Assim, a vocação laical exerce a sua função profética na sociedade e dentro da instituição, como fermento que faz crescer a massa, como o sal que dá o sabor e como a luz que ilumina.

A organização do laicato e seu organismo

Consciente de que a Igreja é comunhão, o laicato busca a sua construção. Comunhão esta que se dá entre sujeitos livres e conscientes, iguais em dignidade, homens e mulheres que assumem seu Batismo como sacerdotes, profetas e reis plenamente vocacionados.

A organização laical contribui para a formação da consciência laical, permitindo que os cristãos leigos e leigas se construam como sujeitos eclesiais e contribuam para a realização das demais vocações. Assim, a Igreja-comunhão se constitui como povo de Deus, plenamente consciente de sua missão no mundo.

Nesse sentido,

> o processo de autonomia de ação e organização do laicato se realiza no interior da comunidade eclesial e, portanto, na comunhão com os demais membros e seus pastores. A propósito, o Documento de Santo Domingo recomenda: "promover os Conselhos de Leigos, em plena comunhão com os pastores e adequada autonomia, como lugares de encontro, diálogo e serviço, que contribuam para o fortalecimento da unidade, da espiritualidade e organização do laicato" (127).

Igualmente nos diz a Conferência de Aparecida: "Reconhecemos o valor e a eficácia dos conselhos paroquiais, conselhos diocesanos e nacionais de fiéis leigos, porque incentivam a comunhão e a participação na Igreja e sua presença ativa no mundo. A construção da cidadania, no sentido mais amplo, e a construção da eclesialidade nos leigos, é um só e único movimento" (DAp 215) "e levam os cristãos leigos à comunhão e participação na Igreja e à presença ativa no mundo" (164).

É nessa dimensão que entra o CNLB, organismo de caráter agregador, que tem como objetivo o leigo e a leiga como sujeitos eclesiais, ou seja, a essência do membro do CNLB é o seu ser leigo.

Os desafios da sociedade, entretanto, exigem que os leigos e leigas se organizem para o melhor cumprimento da sua missão.

A organização dos cristãos leigos e leigas deve ter como marco determinante a sua vocação, identidade, espiritualidade e missão, no lugar específico que lhes é próprio, os vários areópagos: a família; o mundo da política e das políticas públicas; o mundo do trabalho, da cultura e da educação; o mundo das comunicações; o cuidado com a casa comum; a realidade social e da economia e muitos outros areópagos ou campos de ação. Por essa razão, faz-se necessário e até mesmo urgente uma organização ágil, eficaz e coerente com as condições do mundo atual, capaz de oferecer ao laicato brasileiro espaço de articulação e de formação, "para que sua intervenção nessa realidade tão complexa e ambígua seja efetivamente transformadora, semente do Reino, promessa de vida".

O organismo, consciente de sua missão, deve marcar presença nas estruturas públicas e privadas, nos meios sociais onde se desenvolve a vida de homens e mulheres.

Os desafios da organização

"Apesar dos avanços na caminhada da Igreja nas últimas décadas, temos ainda, no campo da identidade, da vocação, da espiritualidade e da missão dos leigos na Igreja e no mundo, um longo caminho a percorrer" (9). Destacamos alguns desafios apontados pelo Documento 105:

a) ação dos leigos e das leigas no mundo – "é ainda insuficiente e até omissa a sua ação nas estruturas e realidades do mundo, nos areópagos da universidade, da comunicação, da empresa, do trabalho, da política, da cultura, da medicina, do judiciário e outros" (39). "... percebe-se a tendência a valorizar, exclusivamente ou quase, o serviço no interior da Igreja, o que prejudica a tomada de consciência da importância dos cristãos leigos e leigas nas realidades do mundo" (40). "O profetismo e a dimensão social do Evangelho estão enfraquecidos e são, às vezes, até rejeitados por alguns setores da Igreja" (42), numa clara oposição entre fé e vida, sagrado e profano, Igreja e mundo, identidade eclesial e ecumenismo (133);

b) clericalismo – nesta visão de Igreja, o próprio Papa Francisco tem denunciado alguns retrocessos: "atrasos em relação à participação de leigos nos conselhos pastorais (...), o regresso ao tradicionalismo (...), a obsessão por doutrinas, as propostas místicas desprovidas de compromisso social" (41). Há a centralidade na pessoa do padre, que clericaliza os leigos, bem como de leigos que buscam a clericalização (81, g). "Persiste ainda forte mentalidade clerical que dificulta a corresponsabilidade, o protagonismo e a participação do leigo como sujeito eclesial" (120), reproduzindo uma subordinação dos leigos e leigas à hierarquia;

c) formação – a ausência de uma formação necessária para a atuação do leigo e da leiga. "Persiste ainda o amadorismo em relação à preparação e formação das lideranças" (47). "Sem uma formação permanente, contínua e consistente, o cristão leigo corre o risco de estagnar-se em sua caminhada eclesial" (226);

d) o individualismo da fé – "é uma atitude que pode perpassar as mais diversas formas de vida, desde as devoções antigas já vivenciadas de modo privatizado pelos fiéis, até as tendências e grupos atuais que se definem e se organizam a partir de experiências espirituais intimistas e individualizantes. Os individualismos religiosos entendem que a fé cristã se concretiza a partir do epicentro do eu que se relaciona com a salvação oferecida por Jesus Cristo, sem a inclusão do outro em sua base de fundamentação e sustentação" (81, h);

e) o fechamento, mesmo que seja em comunidade, representa "experiências de comunitarismo (círculos fechados, grupos fechados) religioso de característica fundamentalista e sectária que, por esse traço, se definem em oposição às demais. Julgam-se verdadeiras perante outras que seriam falsas; seus membros veem-se como salvos perante outros não salvos, como melhores perante outros" (81, i).

Para superar esses desafios, encontramos no próprio Documento 105 proposições que devem ser assumidas pela Igreja:

"O mundo é o primeiro campo e âmbito da missão do cristão leigo e leiga. A vocação específica do leigo, impregnado do Evangelho, é estar no meio do mundo à frente de tarefas variadas da ordem temporal" (63). Na Exortação apostólica pós-sinodal *Ecclesia in America*, os cristãos leigos e leigas "com seu peculiar modo de agir, levam o Evangelho para dentro das estruturas do mundo e agindo em toda parte santamente, consagram a Deus o próprio mundo". A secularidade é a nota característica e própria do leigo e da sua espiritualidade nos vários âmbitos da vida em vista da evangelização. Deles se espera uma grande força criadora em gestos e obras em coerência com o Evangelho.

"A Igreja necessita de cristãos leigos que assumam cargos de dirigentes formados e fundamentados nos princípios e valores da Doutrina Social da Igreja e na teologia do laicato" (65), agindo nos diversos areópagos da vida moderna:

a) *na família*, "os leigos e leigas assumam com alegria e dedicação o cuidado da família e a transmissão da fé aos filhos, em sintonia com o plano de Deus e os ensinamentos do Magistério da Igreja" (257);

b) *no mundo da política*, estimular a participação dos cristãos leigos e leigas na política, nos partidos políticos, impulsionar os cristãos a construírem mecanismos de participação popular e participarem nos conselhos de políticas públicas (263);

c) *no mundo do trabalho*, fortalecer as pastorais no mundo do trabalho urbano e rural, apoiar e participar de iniciativas de combate ao trabalho escravo e/ou infantil no campo e na cidade (267);

d) *no mundo da cultura e da educação*, implantar a Pastoral da Cultura, apoiar e incentivar leigos e leigas nos campos das artes e cultura popular que apontam para o sentido da vida (268);

e) *no mundo das comunicações* (271); no cuidado com a nossa casa comum (272) e em muitos outros campos de ação. Os leigos e leigas, por sua vocação própria, respondem ao chamado de Cristo que os envia em missão no tempo e lugar onde se encontram;

f) para superar o clericalismo, retomar a eclesiologia do povo de Deus, chave do Concílio Vaticano II, e a teologia da Igreja como comunhão na diversidade. "Na eclesiologia de comunhão funda-se a concepção dos cristãos leigos e leigas como sujeitos eclesiais, discípulos missionários, membros da Igreja e cidadãos do mundo, caracterizados pela liberdade, autonomia e relacionalidade" (92).

A ação do leigo e da leiga não deve estar subordinada à hierarquia. Cada um tem a sua própria especificidade decorrente da natureza de sua vocação. Se queremos compreender uma Igreja toda ela ministerial e missionária, é preciso compreender o leigo como aquele que está no mundo, lugar próprio de sua vocação, com liberdade no seu agir, sob a ação do Espírito Santo, condutor da Igreja. Para que possa dar testemunho do bom uso da liberdade e exercitar sua missão, o leigo necessita de uma formação autêntica, crítica, bem como de ter a confiança de seus pastores e, assim, frutificar a unidade, exercendo sua vocação em comunhão com toda a Igreja.

Para que os leigos e leigas vivam seu protagonismo, necessário se faz uma formação para autonomia, a fim de serem questionadores, maduros, críticos, construtivos, tendo por objetivo participar e decidir. Se falamos de uma Igreja povo de Deus que favorece a autonomia dos cristãos, então não é mais concebível a dicotomia entre clérigo e leigo. Não existem duas ou mais categorias de cristãos, mas somente uma: a de batizados, todos corresponsáveis pela missão.

Aparecida ressalta três aspectos básicos para a formação do laicato: 1) os aspectos do processo formativo: caminho que requer itinerários e processos diversificados no âmbito individual e comunitário; 2) acompanhamento do discípulo: na perspectiva do diálogo e da transformação social; 3) espiritualidade: transforme a vida do discípulo em resposta aos impulsos do Espírito (230).

O desafio é ter uma formação:

a) integrada, continuada, permanente, atualizada e organizada, que vise à maturidade dos cristãos leigos e leigas, com apoio institucional e estrutural;

b) uma "formação bíblica, catequética, litúrgica, moral e espiritual" (236);

c) uma formação da "Doutrina Social da Igreja, um precioso tesouro que oferece critérios e valores, respostas e rumos para as necessidades e os questionamentos da ordem social";

d) uma formação fundamentada nas Escrituras, nos Santos Padres, nas encíclicas sociais do Magistério Pontifício, nos testemunhos de tantos santos e santos [nos mártires da caminhada], no Concílio Vaticano II e, na América Latina, nas Conferências de Medellín, Puebla, Santo Domingo, Aparecida e agora na *Evangelii gaudium*" [na *Laudato sí*, na *Amoris laetitia*] (237).

Para tanto, o Documento de Aparecida e as Diretrizes Gerais da Ação Evangelizadora da Igreja do Brasil (2015-2019) enfatizam a necessidade de um Projeto Diocesano de Formação (239-240) que veja os leigos de maneira coletiva, que valorize seu apostolado, com um quadro formativo que favoreça a esperança daqueles e daquelas que anseiam por uma Igreja plenamente para o Reino de Deus.

É necessário que haja liberdade e autonomia para uma formação adequada de verdadeiros sujeitos eclesiais, com solidariedade aos outros e suas realidades, propiciando a superação do individualismo e do comunitarismo.

Superar o individualismo da fé é um desafio para toda a Igreja, não somente para a organização do laicato, bem como o comunitarismo, que no dizer de Francisco são "doenças curiais". Para tanto, são necessárias verdadeiras mudanças de mentalidades e estruturas.

O Documento de Aparecida realça que para uma verdadeira mudança de mentalidade e de estruturas é necessária "uma conversão pessoal e pastoral em prol do Reino de Deus que atinja a todos, em espírito de comunhão e participação" (86).

Incentiva o Papa Francisco: "aos cristãos de todas as comunidades do mundo, quero pedir-lhes de modo especial um testemunho de comunhão fraterna, que se torne fascinante e resplandecente" (89).

Para superar o isolamento individualista, a autonomia, a liberdade e a responsabilidade pessoal (80, g).

Para superar o comunitarismo, a vivência comunitária que possibilita relações justas (80, i).

"A paróquia e as comunidades eclesiais são espaço para a vivência da unidade na diversidade em que os cristãos leigos e leigas atuam como sujeitos e têm cidadania plena" (139).

A presente reflexão poderia ter levantado outros apontamentos. É bem verdade que o texto do Documento 105 propicia uma série de reflexões sobre a vocação, identidade, missão e espiritualidade do leigo e da leiga e sobre sua organização.

Destaco a importância de, em cada Igreja local, se colocar em prática os compromissos assumidos no número 275, dentre os quais destaco: "celebrar o Dia Nacional dos Cristãos Leigos e Leigas na solenidade de Cristo Rei, a cada ano"; "estimular a que, no decorrer do mês de novembro de cada ano, haja uma programação com momentos de reflexão, de espiritualidade e de gestos concretos envolvendo as comunidades, as paróquias e todas as formas organizativas do laicato"; "recuperar e divulgar o testemunho de cristãos leigos e leigas mártires e daqueles que vivem o seu compromisso batismal no cotidiano da vida e se tornaram ou são referências"; "criar e/ou fortalecer os conselhos regionais e diocesanos de leigos".

Concluo reafirmando que devemos pensar o agir laical e de seu organismo (CNLB – Conselho Nacional do Laicato do Brasil), no seu agir *ad intra* e *ad extra*, ou seja, "Cristãos leigos e leigas, sujeitos na Igreja e na sociedade" – (Sal da terra, luz do mundo e fermento na massa).

VII
Os impasses eclesiais: o clericalismo como centralização dos serviços e como mentalidade reinante na Igreja

Padre José Ernanne Pinheiro

Introdução

Sempre somos chamados a relembrar que a Igreja é "santa e pecadora". Santa porque é chamada a continuar a missão de Jesus e pecadora porque a fragilidade humana nos coloca sempre numa atitude de carência do perdão na misericórdia de Deus para um novo recomeço. Santo Agostinho nos lembra de que "estamos sempre procurando para achar, mas achando para procurar". O Espírito Santo nos foi enviado para recordar continuamente o que Jesus Cristo nos ensinou.

O Concílio Vaticano II nos ofereceu uma mística da renovação eclesial, tentando colocar a Igreja em sintonia com os apelos de Deus, os sinais dos tempos, do momento atual. Como povo de Deus, vivemos os desafios que a história nos proporciona, mas também somos convocados ao estímulo para as respostas. Podemos mesmo constatar que, quanto maiores os desafios, maiores os estímulos para as respostas.

Ao mesmo tempo que sonhamos com uma Igreja mais conforme os ditames do Evangelho, constatamos que há impasses eclesiais urgentes a serem superados para expressarmos nossa fidelidade no seguimento de Jesus Cristo.

Ao mesmo tempo que sonhamos com uma Igreja onde o Batismo seja o fundamento da missão eclesial – um mergulho nas águas trinitárias –, percebemos que o clericalismo se torna uma chaga que interpela a Igreja e "um mal que afasta o povo da Igreja", dizia o Papa Francisco em homilia na capela da casa Santa Marta.

Queremos discorrer nessa reflexão sobre um dos impasses eclesiais: "o clericalismo como centralização dos serviços e como mentalidade reinante na Igreja".

Para tanto, nos baseamos em três documentos recentes que circulam nas nossas comunidades, orientando a ação pastoral da Igreja, e que estão intimamente relacionados:

– O *Documento 105 da CNBB*, "Cristãos leigos e leigas na Igreja e na sociedade" – documento da Assembleia geral da CNBB, 2016;

– A *Carta do Papa Francisco ao Cardeal Marc Ouellet*, com recomendações pastorais (março, 2016), por ocasião da reunião plenária da Pontifícia Comissão para a América Latina, sob o título: "O indispensável compromisso dois leigos na vida pública dos países latino-americanos". Essa carta carrega em si um forte apelo à Igreja da América Latina para uma maior atenção aos leigos.

– As *Diretrizes Gerais da Ação Evangelizadora da Igreja no Brasil (2015-2019)*, que nos proporcionam elementos eclesiais para a unidade da nossa ação pastoral.

Os cristãos leigos na caminhada do Concílio Vaticano II

O Concílio Vaticano II é considerado o Concílio da Igreja. Um novo Pentecostes. Uma das novidades com maiores consequências para a caminhada da pastoral, sem sombra de dúvida, é a retomada do conceito *povo de Deus*, com bases bíblicas e históricas. E podemos discernir aí, como consequência, uma apresentação expressiva da missão do cristão leigo como Igreja.

Na Constituição *Lumen gentium*, constatamos a compreensão que traz o evento conciliar sobre o tema: "A renovação eclesiológica conciliar compreendeu o cristão leigo plenamente como membro efetivo da Igreja e não como um fiel de pertença menor ou inferior, a quem faltasse algo da comum dignidade cristã" (LG, cap. 4).

Na verdade, a caminhada conciliar entre nós, embora com frutos saborosos, tem sido lenta e cheia de tropeços, motivados pelos contextos históricos, pelas dificuldades nas mudanças de mentalidades encrustadas nas estruturas e nas pessoas. Assumir a Igreja como povo de Deus tem suas consequências numa exigente conversão pessoal, comunitária e social.

As últimas Diretrizes da Ação Evangelizadora da Igreja no Brasil (2015-2019), ao tratar sobre as marcas do nosso tempo, constatam que vivemos hoje não só tempos de mudança, como uma real mudança de época. Consequentemente, desafios para a vivência da Igreja povo de Deus são colocados na mesa do processo eclesial. Desafios em vários âmbitos vêm à tona, com destaque para os desafios eclesiológico-pastorais que atingem a missão do cristão leigo como Igreja no mundo atual.

Os bispos nas diretrizes, como pano de fundo da temática que queremos desenvolver, chamam a atenção para a crise do compromisso comunitário também no âmbito católico, o que cria obstáculos para ação do cristão leigo como sujeito eclesial:

> *No âmbito católico,* um considerável número de pessoas se afasta, por diferentes razões, da comunidade eclesial, sinal da "crise do compromisso comunitário". Constatam-se, em algumas comunidades, situações que interpelam a ação evangelizadora: a persistência de uma pastoral de manutenção, em detrimento de uma pastoral decididamente

missionária; a compreensão da comunidade como mera prestadora de serviços religiosos, do que lugar de vivência fraterna da fé; a passividade do laicato, do que o engajamento nas diversas instâncias da vida social; *a concentração do clero em determinadas áreas*, do que a efetiva solidariedade eclesial; a tendência de centralização excessiva, do que ao exercício da comunhão e participação; o mundanismo sob vestes espirituais e pastorais, do que a efetiva conversão; sinais de apegos a "vantagens e privilégios", do que ao espírito de serviço; celebrações litúrgicas que tendem mais à exaltação da subjetividade, do que a comunhão com o Mistério; a utilização de uma linguagem inadequada, do que uma linguagem acessível e atual; a tendência à uniformidade, do que a unidade na diversidade. Sente-se a necessidade de encontrar uma nova figura de comunidade eclesial, acolhedora e missionária (26).

Como percebemos, temos um longo caminho a percorrer.

O cristão leigo, sujeito eclesial

A 54ª Assembleia Geral da CNBB, em Aparecida, abril/2016, teve como tema central a missão dos cristãos leigos. Como de praxe, os pastores da Igreja no Brasil apresentaram às comunidades cristãs, nessa ocasião, um documento-orientação para a ação eclesial. O atual texto aprovado, conhecido como Documento 105, tem como título: "Cristãos leigos e leigas na Igreja e na sociedade; sal da terra e luz do mundo".

O secretário-geral da CNBB, Dom Leonardo Steiner, na introdução da publicação do Documento 105, faz uma conclamação às nossas Igrejas:

> Temos uma participação extraordinária de leigos na Igreja. Mulheres e homens que constroem o Reino da verdade e da graça, do amor e da paz; que assumem serviços e ministérios que tornam a Igreja consoladora, samaritana, profética, servical, maternal. Com a bênção de Deus, este documento despertará e animará a todos os cristãos leigos

e leigas, na nossa Igreja, para que sejam anúncio e testemunho da vida nova que receberam em Cristo.

O núcleo do texto apresenta *os cristãos leigos e leigas como sujeitos eclesiais.*

Ser *sujeito eclesial* significa ser maduro na fé, testemunhar amor à Igreja, servir os irmãos e irmãs, permanecer no seguimento de Jesus, na escuta obediente à inspiração do Espírito Santo e ter coragem, criatividade e ousadia para dar testemunho de Cristo.

O laicato como um todo é um "verdadeiro sujeito eclesial" (DAp, 497a). Cada cristão leigo e leiga é chamado a ser sujeito eclesial para atuar na Igreja e no mundo. Temos firme esperança de que continuarão dando grande contribuição à renovação da Igreja de Cristo e sua atuação no mundo (1).

Assim como o leigo não pode substituir o pastor, o pastor não pode substituir os leigos e leigas naquilo que lhes compete por vocação e missão. Além disso, a ação dos cristãos leigos e leigas não se limita à suplência em situação de emergência e de necessidades crônicas da pastoral e da vida da Igreja. É uma ação específica da "responsabilidade laical que nasce do Batismo e da Crisma" (EG, 102) (7).

O compromisso sociopolítico transformador do cristão leigo

O Documento 105 enfatiza *a índole secular que caracteriza seu ser e agir,* como propõe o Magistério da Igreja, sobretudo à luz do Concílio Vaticano II: (5)

A sua primeira e imediata tarefa não é a instituição e o desenvolvimento da comunidade eclesial – esse é o papel específico dos pastores

– mas sim [...] o vasto e complicado mundo da política, da realidade social e da economia, como também o da cultura, das ciências e das artes, da vida internacional, dos *mass media* e, ainda, outras realidades abertas à evangelização, como sejam o amor, a família, a educação das crianças e dos adolescentes, o trabalho profissional e o sofrimento (Paulo VI, EN, 70) (6).

Também cita o Papa Paulo VI ao dizer: "Com seu peculiar modo de agir, [os cristãos leigos] levam o Evangelho para dentro das estruturas do mundo e agindo em toda parte santamente, consagram a Deus o próprio mundo. A secularidade é a nota característica e própria do leigo e da sua espiritualidade nos vários âmbitos da vida em vista da evangelização. Deles se espera uma grande força criadora em gestos e obras em coerência com o Evangelho. A Igreja necessita de cristãos leigos que assumam cargos de dirigentes formados e fundamentados nos princípios e valores da Doutrina Social da Igreja e na teologia do laicato" (João Paulo II – EA, 44).

É missão do povo de Deus, diz o documento, assumir o compromisso sociopolítico transformador que nasce do amor apaixonado por Cristo. Desse modo, se incultura o Evangelho. A atuação cristã no social e no político não deve ser considerada "ministério", mas "serviço cristão ao mundo", respeitando a legítima autonomia das realidades terrestres e do cristão nelas envolvido (CNBB, Doc. 62, 91).

Assim, a participação consciente e decisiva dos cristãos em movimentos sociais, entidades de classe, partidos políticos, conselhos de políticas públicas e outros, sempre à luz da Doutrina Social da Igreja, constitui-se num *inestimável serviço à humanidade* e é parte integrante da missão de todo o povo de Deus.

"A maior parte dos batizados, infelizmente, ainda não tomou plena consciência de sua pertença à Igreja. Sentem-se católicos, mas não Igreja" (DSD, 96), o que os torna mais vulneráveis para serem clericalizados.

O *cristão leigo é verdadeiro sujeito* na medida em que:
- cresce na consciência de sua dignidade de batizado;
- assume de maneira pessoal e livre as interpelações da sua fé;
- abre-se de maneira integrada às relações fundamentais (com Deus, com o mundo, consigo mesmo e com os demais);
- contribui efetivamente na humanização do mundo, rumo a um futuro em que Deus seja tudo em todos.

Os nossos pastores chamam a atenção para alguns recuos do campo do laicato:

a) os cristãos leigos ainda são omissos na atuação das estruturas e realidades do mundo: nos areópagos da universidade, da comunicação, da empresa, do trabalho, da política, da cultura, da medicina, do judiciário e outros; b) há a tendência a considerar os leigos quase exclusivamente ao serviço do interior da Igreja; c) tendência ao estilo tradicional de laicato; d) a pretensão de dominar os espaços da Igreja; e) carência de unidade – guerras entre os leigos; f) propostas místicas desprovidas de compromisso social; g) a sacramentalização, o devocionismo e o clericalismo; h) desinformação das comunidades eclesiais de base, das questões agrárias, indígenas e afros; i) rejeição da política...

Também mostram *tentações da missão do cristão leigo como sujeito*:
- ideologização da mensagem evangélica: a fé se torna meio e instrumento de exclusão; reducionismo socializante: reduzir a Palavra de Deus a partir da ótica puramente social; ideologização psicológica: a evangelização se transforma em função burocrática; clericalismo: o *padre centraliza tudo em seu poder pessoal, clericalizando os leigos que também buscam clericalização*; individualismo;
- organização a partir de experiências espirituais intimistas e individualizantes;
- comunitarismo sectário...

A tomada de consciência desta responsabilidade laical, que nasce do Batismo e da Confirmação, não se manifesta de igual modo em toda a parte; em alguns casos, porque não se formaram para assumir responsabilidades importantes, em outros por não encontrarem espaço nas suas Igrejas particulares para poderem exprimir-se e agir, por causa de um excessivo clericalismo que os mantém à margem das decisões (EG, 102).

O clericalismo no pensamento do Papa Francisco

A sua preocupação com o clericalismo na Igreja é uma chave importante para ouvirmos o Papa Francisco, numa busca incessante de motivações para concretizarmos os conselhos evangélicos na nossa Igreja. Nosso Pastor Maior tem explicitado desde sempre a importância de os pastores sentirem o cheiro das ovelhas. Daí por que insiste: "O clericalismo se instaura lá onde os pastores não vivem a proximidade com o povo", isto é, "não sentem o cheiro do povo".

Ele vem repetindo as condições para realizarmos o sonho de Jesus para a Igreja contar com bons pastores. Vai ainda mais longe ao falar: "O espírito do clericalismo é um mal presente também hoje na Igreja e a vítima é o povo, que se sente descartado, abusado. Foi o que disse o papa na missa celebrada na manhã de terça-feira (13/12/2016) na capela da Casa Santa Marta", concelebrada pelos membros do Conselho dos Cardeais (C9). Continua o papa: "No espírito de clericalismo os clérigos se sentem superiores, se afastam das pessoas, não têm tempo para escutar os pobres, os que sofrem, os presos, os doentes".

> O mal do clericalismo é uma coisa muito feia! E a vítima é a mesma: o povo pobre e humilde, que tem esperança no Senhor. O Pai sempre procurou se aproximar de nós: enviou seu Filho... e o Filho foi ao encontro dos doentes, dos pobres, dos descartados, dos publicanos, das prostitutas... Também hoje Jesus diz a todos nós e também a quem

está seduzido pelo clericalismo: "Os pecadores e as prostitutas entrarão primeiro no Reino dos Céus".

O Papa Francisco na carta ao Cardeal Ouellet

O papa enviou uma carta ao presidente da Pontifícia Comissão para a América Latina, o Cardeal Marc Ouellet, para falar sobre o papel do leigo na vida pública, onde recorda que a missão dos fiéis leigos é uma das maiores riquezas do Concílio Vaticano II. Aos membros do Conselho, o papa pede que "o espírito de discernimento e reflexão 'não caia no vazio'; que ele ajude e continue estimulando a servir melhor ao santo povo fiel de Deus"; e alerta acerca dos perigos do clericalismo.

O pontífice assinala também que os bispos "como pastores são continuamente convidados a olhar" o santo povo fiel de Deus (os leigos) para "proteger, acompanhar, sustentar e servir". "Um pai não entende a si mesmo sem seus filhos. Pode ser bom trabalhador, profissional, esposo, amigo, mas o que o torna pai são seus filhos. O mesmo acontece conosco, somos pastores. Um pastor não se concebe sem um rebanho, ao qual está chamado a servir".

Também explica na mensagem que "servimos ao povo estando dentro dele". "Muitas vezes, vamos na frente marcando o caminho, outras vezes, atrás, para que ninguém fique atrasado, e não poucas vezes estão no meio deles para sentir bem o palpitar das pessoas." Um dos conselhos oferecidos aos bispos é que olhem "continuamente o povo de Deus" porque "nos salva de certos nominalismos (*slogans*) que são belas frases, mas não conseguem sustentar a vida de nossas comunidades". "Por exemplo, recordo agora a famosa expressão: *'é a hora dos leigos', mas parece que o relógio parou*", assinalou.

Por sua vez, recorda que "todos entramos na Igreja como leigos", pois "o primeiro sacramento, que sela para sempre nossa identidade e do qual deveríamos estar sempre orgulhosos, é o do Batismo".

Francisco destaca que o Batismo "nos faz lembrar de que a Igreja não é uma elite dos sacerdotes, dos consagrados, dos bispos, mas todos formamos o santo povo fiel de Deus".

Além disso, "o clericalismo, longe de impulsionar as distintas contribuições propostas, pouco a pouco vai apagando o fogo profético que a Igreja toda está chamada a dar testemunho no coração de seus povos". "O clericalismo esquece que a visibilidade e a sacramentalidade da Igreja pertencem a todo o povo de Deus (cf. LG, 9-14) e não só a poucos eleitos e iluminados."

Como lhe é habitual, o Papa Francisco é claro ao reafirmar onde se encontra o desafio do equilíbrio na relação padre-leigo cristão. Uma das "maiores deformações" da relação sacerdote-leigo, denuncia, é o "clericalismo" que, de um lado, anula "a personalidade dos cristãos" e diminui "a graça batismal"; acaba, de outro lado, por gerar uma espécie de "elite laical", na qual os leigos engajados são "somente aqueles que trabalham em coisas 'dos padres'".

Sem nos darmos conta, insiste, muitas vezes "esquecemos, negligenciando-o, o fiel que muitas vezes consome sua esperança na luta cotidiana para viver a fé". E essas são "as situações em que o clericalismo não consegue ver, porque está mais preocupado em dominar espaços do que em gerar processos". Ao invés, ressalta Francisco, jamais se deve esquecer que a "nossa primeira e fundamental consagração tem suas raízes em nosso Batismo. Ninguém foi batizado padre nem bispo. Fomos batizados leigos e é o sinal indelével que ninguém jamais poderá eliminar".

... "A Igreja não é uma elite de sacerdotes, de consagrados, de bispos", mas "todos formamos o santo povo fiel de Deus" e, portanto, escreve, "o fato de que os leigos estejam trabalhando na vida pública" significa para bispos e sacerdotes "buscar o modo para poder encorajar, acompanhar" todas "as tentativas e os esforços que hoje já são feitos para manter vivas a esperança e a fé num mundo repleto de contradições, especialmente para os mais pobres, especialmente com os mais pobres". "Significa, como pastores, empenhar-nos em meio ao nosso povo e, com o nosso povo, sustentar a fé e a esperança deles", promovendo "a caridade e a fraternidade, o desejo do bem, da verdade e da justiça".

"É ilógico, e até mesmo impossível – ressalta o bispo de Roma – pensar que nós, como pastores, devemos ter o monopólio das soluções para os múltiplos desafios que a vida contemporânea nos apresenta." "Não se pode dar diretrizes gerais para organizar o povo de Deus no seio da sua vida pública." Pelo contrário, indica ele, "devemos estar ao lado do nosso povo, acompanhando-o em suas buscas e estimulando aquela imaginação capaz de responder à problemática atual".

VIII
Os desafios dos movimentos e novas comunidades
Gilbraz Aragão

Para animar a celebração do Ano do Laicato, de novembro de 2017 a novembro de 2018, retomamos e aprofundamos aqui o Documento 105 da Conferência Nacional dos Bispos do Brasil,[1] especialmente no tocante à presença e organização dos leigos e leigas em movimentos e novas comunidades eclesiais em nosso país. Ao tratar dos carismas, justamente o documento afirma que "A Igreja é imagem terrena da Santíssima Trindade. 'Povo de Deus (em relação ao Pai), Corpo e Esposa de Cristo (em relação ao Filho) e Templo vivo (em relação ao Espírito Santo).' Assim como Deus é um só na diversidade das três pessoas, também a Igreja é unidade na diversidade" (151).

As famílias cristãs hoje avivam a sua fé participando de comunidades eclesiais e pastorais da Igreja, como também em movimentos eclesiais e novas comunidades. As primeiras, por vezes, enfatizam a transformação da sociedade e, as últimas, a transformação das pessoas, mas todas devem emular-se pelo símbolo trinitário e colaborar para a vida comunitária e o serviço eclesial. Contudo, às vezes, na prática a teoria é outra e encontramos cristãos fechados em uma espiritualidade comunitarista, que desdenham da diversidade na Igreja

---

[1] Todas as referências de números se refrem ao Documento 105 da CNBB, "Cristãos leigos e leigas na Igreja e na sociedade; sal da terra e luz do mundo (Mt 5,13-14)". Brasília: Edições CNBB, 2016.

e desperdiçam oportunas complementaridades de carismas – em favor da fermentação do Reino de Deus no mundo.

Pois bem, mas a gente não cuida daquilo que não conhece. Vale a pena rever historicamente como foram surgindo as diversas expressões e organizações do catolicismo brasileiro. Encontra-se por dentro das expressões religiosas populares a experiência de submissão a um Deus absolutamente transcendente, criador e recriador da vida, cujo poder se manifesta nas "leis eternas" da natureza e da sociedade – que é vista como que naturalizada e se encontra igualmente sob a proteção e controle dos "santos". Paradoxalmente, mostra-se aí a reivindicação de dignidade por parte de um homem sofrido, que através de sentimentos e práticas religiosas consegue clamar: "Deus é Pai, não é padrasto".

As irmandades e confrarias, voltadas para a celebração do culto e das devoções aos santos e almas, foram o principal suporte da religião católica no Brasil. Eram grupos de leigos, gozando de muita autonomia, que organizavam e abrilhantavam as festas nas quais o padre era convidado para dizer missa e fazer "desobriga". Nos outros dias do ano, as práticas religiosas eram de âmbito muito familiar ou pessoal: os oratórios domésticos e os velórios, os cruzeiros para mortos, as curas dos benzedores. Nesses momentos, as pessoas com mais jeito e melhor dom, como os beatos e beatas, dirigiam as celebrações e as romarias, os ofícios e peregrinações, trazidos do medievo pelos colonos portugueses e aqui misturados com os cultos de santidade e invocações dos encantados afro-indígenas.

O catolicismo de paróquias com a missa dominical cheia de gente, associações pias e festas do mês de maio e do padroeiro, procissões e vigário de batina, enfatizando os sacramentos e a moralidade, é um catolicismo implantado no Brasil a partir da segunda metade do século XIX. Novas devoções foram implantadas pelo apostolado da oração e demais associações para leigos fundadas na época (Filhas de Maria, Liga Católica, Cruzada Eucarística). Até as antigas irmandades foram passando para o controle paroquial, como as do Santíssimo; reduzindo-se à beneficência para os próprios membros, como as Ordens Terceiras; ou se transformando em entidades mantenedoras, como as Irmandades de Misericórdia.

Ao mesmo tempo, festas como a da Coroação de Nossa Senhora vieram substituir as Folias de Reis e do Divino, Procissão das Almas e as Festas Juninas. Trazendo as imagens dos oratórios para os templos paroquiais, o clero tornou-se o principal festeiro, dirigindo as novenas e rezas. Para isso, contou com a força das "missões populares" e com a ajuda de congregações que substituíram ermitães e beatos dos centros de romaria. Essa reforma ou romanização da Igreja, para fazer frente aos ares republicanos, estabeleceu novas estruturas eclesiásticas, contudo as suas escolas, sacramentos paroquiais e associações piedosas atingiram pouca gente.

A maioria da população, conservando elementos da tradição antiga, reinterpretou esse catolicismo reformado, praticando sua religião de modo privatizado ou em comunidades de "cura divina", abertas ao sincretismo. O núcleo é a devoção aos santos, através de um relacionamento direto e pessoal, mas esse catolicismo de devoção é suplementado pelas práticas sacramentais do catolicismo romano, como Batismo, Primeira Comunhão, casamento e os funerais, além das festas dos padroeiros e da semana santa. Ou, então, recebe suporte nos pentecostalismos modernos, sintetizando toda a santidade em Jesus Cristo ou no seu Espírito, substituindo a promessa pelo "voto", mas recorrendo às bênçãos e exorcismos como antigamente.

Diante dessa religiosidade tradicional teocêntrica, que aponta para santos intermediários na busca das bênçãos de um Deus – "Pai" – por vezes distante, para corpos alquebrados em um "mundo perdido", uma nova evangelização foi surgindo no Brasil em fins do século XX, com os ecos modernos do Concílio Vaticano II. Mas ela desdobrou-se em duas tendências, com ênfases diferenciadas.

O cristianismo de renovação, mais antropocêntrico, criou comunidades carismáticas e movimentos espirituais que visam a uma experiência psicológica e íntima do Espírito de Deus na própria pessoa, atestando os dons da presença vivificante do Deus vivo no mundo.

Por sua vez, o cristianismo de libertação, mais centrado na história e popularizando as experiências de organização da Ação Católica, inventou as Comunidades Eclesiais de Base e as pastorais engajadas: elas criam uma espiritualidade em torno do seguimento do Senhor Jesus na práxis histórica libertária, questionando assim os senhores deste mundo injusto e militando gratuita e vigorosamente por um mundo melhor.

É lastimável que essas tendências dos grupos de renovação e de libertação excluam-se mutuamente com frequência –, quando deveriam interpelarem-se criativamente. Mais lastimável ainda é que ambos os grupos não consigam uma presença evangelizadora mais eficaz em meio à religiosidade popular, ou ao menos não com a eficácia evangélica.

Aqui retomamos a inspiração do símbolo trinitário. O Papa Francisco sublinha o aspecto relacional da Trindade: "Acreditar em um Deus único que é comunhão trinitária, leva a pensar que toda a realidade contém em si mesma uma marca trinitária" (LS, 239). Tudo está interligado: Deus, as pessoas, a natureza, o cosmo. "O mundo, criado segundo o modelo divino, é uma trama de relações" (LS 240), de relações trifásicas. O mundo trinitário contrasta com o mundo binário, que é fundamentalista e excludente do outro, é o mundo dos verdadeiros contra os mentirosos, que não permite as diferentes cores da realidade social, psicológica e religiosa.

A visão trinitária aponta para um salto qualitativo diante das contradições ou paradoxos, abrindo para a inclusão, desde outros níveis de realidade, daquele Terceiro que é anterior e está para além. Perante a Trindade, os grupos de renovação e os de libertação da nossa Igreja precisam reconhecer o mistério que está entre e além, incluir um Deus que é sempre maior – e que se manifesta, justamente, nos empobrecidos e nos irmãos menores. Esse salto messiânico, místico e ético, resgata com sua memória surpreendente e subversiva o passado e antecipa o futuro. Isso vale para as relações eclesiais, mas também sociais: o Brasil precisa refletir com profundidade o sistema binário da luta dos bons contra os maus. O país necessita fazer um salto qualitativo para sua realidade profunda e trinitária, que já contém a semente daquela possibilidade que está na nossa frente e que pode garantir a paz: a inclusão do Terceiro, de Deus mesmo, e do outro pobre.

Com base nessa revisão histórica e nesse fundamento teológico, podemos então aprofundar os desafios da presença dos leigos e leigas em movimentos e novas comunidades eclesiais em nosso país. O Documento 105 da CNBB bem lembra que

> a respeito da eclesialidade das pequenas comunidades, dos movimentos, das novas comunidades, das instituições eclesiais e de outras formas de associação, pede o Papa Francisco: "não percam o contato com esta realidade muito rica da paróquia local e que se integrem de bom grado na pastoral orgânica da Igreja particular. Esta integração evitará que fiquem só com uma parte do Evangelho e da Igreja, ou que se transformem em nômades sem raízes" (150).

Por causa disso, foram levantados (cf. 149) critérios de eclesialidade a serem observados, para que as Comunidades Eclesiais de Base, as pequenas comunidades, os movimentos, associações, as novas comunidades, sejam autenticamente cristãos: a primazia dada à vocação de cada cristão à santidade, favorecendo e encorajando a íntima unidade entre a vida prática e a própria fé; a responsabilidade em professar a fé católica no seu conteúdo integral, acolhendo e professando a verdade sobre Cristo, sobre a Igreja e sobre a pessoa humana; o testemunho de uma comunhão sólida com o papa e com o bispo, na estima recíproca de todas as formas de apostolado na Igreja, estima que se concretiza ainda mais com o pároco e a equipe de presbíteros, no caso da paróquia formada em rede de comunidades; a conformidade e a participação na finalidade apostólica da Igreja, que é a evangelização e santificação das pessoas; o empenho de uma presença na sociedade a serviço da dignidade integral da pessoa humana mediante a participação e solidariedade para construir condições mais justas e fraternas.

No que diz respeito aos desafios e oportunidades específicos dos grupos de renovação cristã, dos movimentos e novas comunidades que enfatizam a transformação pessoal, perante esses critérios, são chamados, pois, a incluir o seu contraponto de engajamento social e de inserção nas comunidades locais. Mas também precisamos lembrar (cf. 214) que os leigos têm o direito de fundar associações e governá-las, respeitada a devida relação com a autoridade eclesiástica, "é necessário reconhecer-se a liberdade associativa dos fiéis leigos na Igreja. Essa liberdade constitui um verdadeiro e próprio direito que não deriva de uma espécie de concessão da autoridade, mas que promana do Batismo" (215).

Devemos destacar, ainda, a presença ativa e benfazeja de associações laicais nascidas a partir dos carismas das ordens e congregações religiosas, que contribuem para que muitos cristãos leigos e leigas vivam profunda espiritualidade e assumam presença junto aos mais pobres numa perspectiva de assistência, promoção humana e no compromisso sociotransformador.

Nesse sentido, reconhece e apela o Documento 105:

> A Igreja conta hoje com uma gama variada de associações de fiéis que agregam leigos, outras que agregam leigos e clérigos, e outras ainda,

leigos e leigas consagrados, cada qual com seu carisma e com seus modos próprios de organização e seus métodos de ação. Trata-se de uma variedade que ganha visibilidade como grupo identitário dentro e até mesmo fora dos espaços eclesiais. Ao mesmo tempo que reconhecemos a riqueza dessa diversidade, apelamos para que se considerem os desafios para a vivência eclesial no espírito da unidade na diversidade (218).

Com efeito, as novas comunidades, espaços mistos de vida leiga, religiosa e clerical, que pedem de cada membro uma adesão estável e visível a uma pedagogia espiritual cristã, tornaram-se um fenômeno forte no catolicismo brasileiro. Como em outros momentos da história da Igreja, o caminho desses movimentos e comunidades passa pela inserção na caminhada das Igrejas particulares e pelo acolhimento, por parte dessas Igrejas, da diversidade desses carismas e pedagogias espirituais.

Diz o Documento 105:

> As pastorais, movimentos, associações, serviços eclesiais, novas comunidades e outras expressões possuem o seu processo formativo sistemático em função dos seus carismas e objetivos. No entanto, convém que participem também da formação desenvolvida na Igreja diocesana, cujo bispo é sinal visível e artífice da comunhão eclesial. A autonomia de cada movimento só tem sentido dentro da maior comunhão eclesial e se concretiza nas formas de inserção e vínculos com as Igrejas particulares e comunidades eclesiais locais (221).

Os dons existem para a edificação da Igreja e não podem servir como busca de poder religioso dentro da comunidade: a inserção em espaços eclesiais mais amplos e o serviço conjunto em defesa da vida no mundo devem ser a meta. O diálogo e a abertura para as relações complementares, portanto, são a pista para a construção da unidade: quanto maior for a comunhão, mais eficaz será o testemunho de fé da comunidade.

Na busca desta inserção e num gesto de acolhimento, a CNBB, por meio da Comissão Episcopal Pastoral para o Laicato e junto com o CNLB, tem realizado encontros nacionais e regionais com dirigentes de movimentos e serviços eclesiais, e com associações laicais e novas comunidades, estabelecendo um diálogo fraterno e construindo caminho de unidade e comunhão, cujo sinal visível é o bispo diocesano. Além disso, com o mesmo objetivo, lideranças de todos estes segmentos participam, anualmente, de seminários com os bispos referenciais de leigos e das CEBs, realizados pela Comissão Episcopal Pastoral para o Laicato (222).

Enfim, esperamos que o Ano do Laicato também envolva os movimentos e novas comunidades católicas no mutirão rumo a uma Igreja mais participativa, através de conselhos e de ministérios assumidos comunitariamente, bem como uma Igreja mais engajada na transformação humanista da sociedade, que continua desumanizando-se por conta de individualismos e grupos fechados em interesses mesquinhos. Recordamos que no cristianismo primitivo toda a comunidade tinha um caráter "sacerdotal", na medida em que sua vida comunitária devia participar da "obra sacerdotal" de Cristo. Não simplesmente na celebração litúrgica, mas no empenho amoroso da vida de cada um e de todo cristão, devido ao poder transformador do único sacrifício de Cristo.

Porém, à medida que a Igreja foi crescendo, tornou-se mais comum distinguir entre os cristãos ordenados para as celebrações públicas (o clero) e os não ordenados (os leigos). Depois, o aparecimento do monaquismo aprofundou essa distinção entre leigo e monge, o qual se devia devotar à espiritualidade. Com isso, a liturgia passou a ser privilegiada e se tornou assunto clerical, ficando os leigos reduzidos a espectadores. Essa ideia de classes tornou-se forte na eclesiologia católica, até que o Concílio Ecumênico Vaticano II recordou que a vida de todo cristão é sacerdotal, na medida em que ele se entrega ao poder do amor, encarnado na autodoação salvífica de Jesus. E o ministério cristão ordenado é revisto, então, como uma chamada para servir e coordenar esse sacerdócio de todos os batizados.

A Igreja, pois, é esse povo enviado ao mundo em missão para construir o Reino vindouro de Deus, povo que olha para o futuro com humildade e esperança. A fé, o Batismo e o discipulado são, pois, realidades fundacionais na Igreja. Todos os cristãos, em virtude do seu Batismo, participam do sacerdócio de Cristo, e todos são chamados a entregar suas vidas a um sacrifício vivo de santidade.

O Documento 105 da CNBB afirma que os cristãos leigos e leigas devem ser convocados a participarem consciente, ativa e frutuosamente dos processos de planejamento, das decisões e execução da vida eclesial e da ação pastoral através das assembleias paroquiais, diocesanas, regionais e nacionais, bem como dos conselhos pastorais, econômico-administrativos e missionários, em todos os níveis.

A formação integral é fundamental para que as leigas e leigos cresçam na fé, no testemunho nas diferentes realidades, sejam presença dos valores evangélicos na sociedade, contribuam significativamente neste momento de mudança de época que está surgindo, e isso pode ser mais bem ativado, sobretudo, através do reconhecimento do protagonismo das mulheres e dos jovens.

No campo da política, lembra o Documento 105, é preciso impulsionar os cristãos a construírem mecanismos de participação popular que contribuam com a democratização do Estado e com o fortalecimento do controle social e da gestão participativa do espaço público. No mundo do trabalho, é preciso criar grupos de partilha e de reflexão para os diferentes profissionais, estimulando-os a serem discípulos missionários em sua atuação cidadã. No âmbito das famílias, devemos apoiar a pastoral familiar, para que as famílias possam educar os seus filhos para uma alegria esperançosa e caridosa e para a defesa da vida. É também necessário fortalecer as pastorais sociais em espírito missionário para responder às necessidades de cada realidade de exclusão e sofrimento. Que elas se articulem entre si e com os movimentos sociais, atuando na democracia direta e participativa, por meio dos Conselhos de Cidadania e na proposição de políticas públicas de inclusão.

Fica aqui o desafio, para os movimentos e novas comunidades católicas, de sentirem e agirem com toda a Igreja. Fica aqui o desafio, para a Igreja Católica, de acolher a riqueza de espiritualidades e pedagogias das suas novas comunidades.

IX
O caminhar dos cristãos leigos e leigas: avanços, recuos e desafios

Geraldo Aguiar

O Concílio Vaticano II provocou profundas mudanças na Igreja no que tange à presença e atuação dos leigos e leigas. Entre avanços e recuos, a Igreja no Brasil vem buscando tornar realidade "a maravilhosa teoria sobre os leigos". A temática do laicato, nos últimos anos, esteve na agenda das assembleias da CNBB de 2014, 2015 e 2016. Neste último ano, tivemos a aprovação do Documento 105, "Os cristãos leigos e leigas na Igreja e na sociedade; sal da terra e luz do mundo (Mt 5,13-14)".

Desejamos que o estudo desse documento e o Ano do Laicato produzam avanços e um efetivo reconhecimento dos leigos e leigas como sujeitos eclesiais e que contribuam para romper um forte clericalismo entre nós.

Nesse caminhar do laicato, a partir do Vaticano II, os bispos apresentaram no 1º capítulo avanços e recuos. Estão nos números 24 a 37 e 38 a 50, respectivamente. É preciso aprofundar e consolidar os avanços e alguns recuos a serem assumidos e enfrentados como desafios. Certamente há outros avanços e recuos que não estão presentes no documento.

Retomemos alguns desses desafios e recuos, trabalhando esses dois aspectos juntos. Aqui não farei uma análise detalhada, apenas alguns registros e preocupações.

Participação dos leigos nos diferentes âmbitos da Igreja, em especial, nos conselhos pastorais, comunitários e assembleias diocesanas (25)

Esses espaços foram fortemente potencializados com o Vaticano II e pela Conferência de Medellín e reforçados pelas demais Conferências do Episcopado Latino-americano. Registramos a existência dos conselhos paroquiais e diocesanos a partir do final da década de 1960 e início da década de 1970 e, depois, as experiências de assembleias paroquias e diocesanas e sínodos. Essas práticas, não sem conflitos, levaram à busca de uma Igreja de participação e comunhão, com a presença de leigos e leigas. Possibilitaram uma ação pastoral mais orgânica e assumida colegiadamente: lugar onde estão presentes os representantes das paróquias, das CEBs, dos pequenos grupos, dos setores, dos movimentos, de pastorais e outras expressões laicais e de leigos que atuam na sociedade. Uma ação articulada entre leigos, presbíteros, religiosos e religiosas e bispos. A participação nessas instâncias e seus desdobramentos se constituíram também como espaço de formação. Essa prática foi rompendo com uma Igreja piramidal. Em muitas Igrejas particulares, essas instâncias têm caráter deliberativo, onde todos são sujeitos eclesiais.

Nos últimos anos, essa rica vivência colegiada em alguns lugares foi se enfraquecendo, em especial nos conselhos paroquias e comunitários. Hoje, às vezes, os conselhos viraram apenas lugar de comunicados; ouve-se ainda "quem manda aqui sou eu"; outras vezes, são a imagem do pároco.

O Papa Francisco afirmou que esse é um lugar privilegiado de participação dos leigos e leigas. As Diretrizes Gerais da Ação Evangelizadora no Brasil – DGAEs e os Documentos 100 e 105 consideram importantes essas diferentes instâncias. Retomemos com vigor essas instâncias participativas.

Alguns desafios permanecem: 1) retomar com força a existência desses colegiados; 2) consolidar a participação dos leigos, que devem ser a maioria em todos os conselhos; 3) como garantir formas estáveis e jurídicas, para que os vários instrumentos não tenham meramente caráter consultivo, considerando que o foco central desses conselhos é a vida pastoral? Mudanças no Código de Direito Canônico?; 4) como garantir que mudanças de bispos e padres não impliquem alterações radicais nos órgãos de participação construídos ao longo de anos?

As Comunidades Eclesiais de Base – CEBs (25)

As CEBs nasceram no final da década de 1950 e início dos anos de 1960, de experiências concretas de busca de renovação eclesial. Encontramos propostas de novos caminhos de vida comunitária no Plano de Pastoral de Emergência de 1962. Com o compromisso de tornar realidade o Concílio Vaticano II, a Igreja no Brasil aprovou o Plano de Pastoral de Conjunto para 1962 a 1970. Nele já estava presente a "comunidade de base" como elemento-chave para a renovação da Igreja. Nesse período, tivemos a Conferência de Medellín, onde, com clareza, está a "Comunidade de Base, a Comunidade Cristã de Base", entendidas como parte da estrutura da Igreja, a base da Igreja. As CEBs foram assumidas desde seu nascedouro pelo episcopado brasileiro e latino-americano. Cresceu nos anos 1980, reafirmada em Puebla. O intereclesial, reunindo as comunidades de todo o Brasil, teve início em 1975, com um mutirão de animação e fortalecimento das CEBs. No final dos anos 1980, com a chamada "volta à grande disciplina", parte do episcopado, com equívocos, foi deixando de lado essa maneira de organizar a Igreja.

As comunidades continuam presentes em todos as regiões da CNBB, e possibilitaram e possibilitam um contato permanente com a Palavra, a comunhão eclesial, a opção pelos pobres e o engajamento na construção de uma sociedade justa, fraterna e solidária. A participação nas CEBs rompe a dicotomia fé e vida e leva os leigos a assumirem sua missão de serem sal e fermento na sociedade. Tive a oportunidade de vivenciar essa realidade em diversas situações em nosso país. Foram reafirmadas na Conferência de Aparecida e fortalecidas pela "Mensagem ao Povo de Deus sobre as Comunidades Eclesiais de Base", documento 92, da CNBB, de 2010.

O "Trem das CEBs", dos intereclesiais, tem a próxima parada em 2018, em Londrina – PR, onde acontecerá o 14º Intereclesial, com o tema: "CEBs e os desafios no mundo urbano", e o lema; "Eu vi e ouvi os clamores do meu povo e desci para libertá-lo" (Ex 3,7).

Esperamos que, como legado do Ano do Laicato, se torne realidade efetiva em todas as dioceses o Documento 100, uma Igreja rede de comunidades. A Igreja se tornará uma "Igreja em saída" quando multiplicar as CEBs ou pequenas comunidades para alguns, possibilitando a convivência fraterna, a partilha, o conhecimento mútuo e o enfretamento dos desafios da sociedade.

O mundo do trabalho (34)

A maioria esmagadora da população vive grande parte de sua vida trabalhando, quando tem uma ocupação. Nesse vasto campo do trabalho, encontramos os trabalhadores nas fábricas, nas indústrias, onde o embate capital-trabalho é mais evidente, e, também, no comércio, nos hospitais, nas escolas e universidades, nos meios de comunicação, nos transportes, nas penitenciárias, nos frigoríficos, na zona rural e em tantas outras realidades. Encontramos uma grande gama de profissionais. As novas tecnologias e a robótica têm um impacto profundo no mundo e nas relações do trabalho.

Vivemos hoje, no Brasil, em função do golpe parlamentar, judicial e midiático. Vivemos no Brasil um momento crítico para os trabalhadores: o retorno da pauta neoliberal de maneira agressiva e, de maneira assustadora, do desemprego; mudanças profundas na legislação trabalhista e na previdência que atendem o capital e rompem com proteção ao trabalhador urbano e rural estão em curso. Mesmo em plena crise econômica no Brasil, assistimos a empresas investindo em robôs. Encontramos ainda fortemente o trabalho escravo. A CNBB, bispos individualmente e organismos eclesiais têm se manifestado sobre esse desmonte dos direitos dos trabalhadores.

Como a Igreja atua na realidade do mundo do trabalho? Do ponto de vista eclesial, temos ações como a Pastoral Operária, a Juventude Operária Católica – JOC, o Movimento dos Trabalhadores Cristãos – MTC, a Comissão Pastoral da Terra – CPT e outras pastorais. Encontramos também a Associação Nacional por uma Economia de Comunhão – Anpecom, criada pelo Movimento dos Focolares, e a Associação de Dirigentes Cristãos de Empresas – ADCE.

Porém, no cotidiano de boa parte das Igrejas particulares, a realidade dos trabalhadores e trabalhadoras, dos mais diferentes seguimentos, não faz parte de maneira incisiva da sua agenda pastoral. Nesse sentido, grande parcela dos cristãos leigos e leigas não vê o mundo do trabalho como campo de missão onde deve testemunhar a justiça, a fraternidade e assumir a luta pelos direitos fundamentais. Os cristãos nessa realidade são chamados a serem testemunhas de Jesus Operário, a se organizarem e estarem presentes nos sindicatos em articulação com os movimentos sociais.

O Papa Francisco, em vários pronunciamentos, visitas, em particular nos encontros com os movimentos sociais, vem abordando de forma veemente essa realidade do trabalho, fazendo críticas a uma economia que degrada o trabalhador e o empresário especulador. Afirma que é preciso mudar as estruturas; que terra, casa (teto) e trabalho são direitos sagrados. Que a Igreja, ao anunciar o Evangelho, não pode estar alheia a essa realidade.

O Ano do Laicato é uma possibilidade, na senda do Papa Francisco, de incluir na agenda pastoral das Igrejas particulares e em todas as expressões laicais o areópago do trabalho, o "T" de trabalho, comprometendo-se mais com trabalhadores e trabalhadoras.

A organização do laicato CNLB (25)

A criação do Conselho de Leigos nos diversos âmbitos "marca um grande avanço", escrevem nossos bispos. Essa entidade de organização e articulação foi uma demanda dos leigos e uma decisão da Conferência Episcopal na Assembleia de 1970. Articulou os movimentos e associações existentes naquele momento. No desenrolar dos anos amplia-se o horizonte com a presença de novas expressões laicais e com os conselhos em âmbito regional e diocesano.

Dentre os compromissos expressos no número 275, em particular na letra f, os bispos acordaram "de criar e/ou fortalecer os conselhos regionais e diocesanos". Os desafios da realidade brasileira e a busca de respostas são fundamentais para articular os leigos e leigas em função de uma presença e um agir qualitativo em nosso país e em seus diferentes níveis. Apesar das dificuldades e do pluralismo existentes na Igreja e na sociedade, é urgente ampliar a articulação para sermos "sal e luz". Trabalhando juntos na sociedade, sentimos mais a necessidade de organização e articulação. Precisamos nos enriquecer com a experiência de conselhos ou equivalentes existentes em outros países.

Tornar realidade esse compromisso é uma das tarefas do Ano do Laicato.

O ecumenismo e o diálogo inter-religioso (44)

O Documento 105 coloca essa temática dentre os recuos. Mais que recuo, *é um grande desafio*. A busca da unidade é um mandamento expresso de Jesus.

Vemos a busca do diálogo entre Igrejas cristãs no início do século passado, com a criação de várias entidades, dentre elas salientamos o Conselho Mundial de Igrejas – CMI, criado em 1948, o qual reúne mais de 340 Igrejas cristãs. A Igreja Católica participou pela primeira vez da assembleia do CMI em 1961.

O Papa João, São João XXIII, tinha a busca da unidade em seu coração e em sua vida. Foi um dos motivos, sonhos, para a convocação do Concílio Vaticano II. Criou na fase preparatória o Secretariado para a União dos Cristãos, que se transformou no canal para acolher e ouvir outras Igrejas cristãs e outras religiões. Cerca de cem observadores de outras Igrejas atenderam ao convite para participar do concílio. Essa temática repercutiu no evento conciliar em vários documentos e aprovou decretos e declaração, entre eles o *Unitatis redintegratio*, sobre o ecumenismo.

A Igreja no Brasil, através da CNBB, por muito tempo se estruturou em seis linhas pastorais, sendo uma delas a do ecumenismo e diálogo inter-religioso. Hoje conta com uma Comissão Episcopal específica; o diálogo se faz através de Comissões Bilaterais. Temos vários movimentos eclesiais e pastorais que incluem a participação de cristãos de outras denominações.

Depois do concílio, tivemos a criação de várias entidades ecumênicas, como o Conselho Nacional de Igrejas Cristãs – CONIC, criado em 1982, e a Coordenadoria Ecumênica de Serviço – CESE, criada em 1973. A Igreja Católica é membro dessas entidades. Elas são canais de diálogo e ações concretas. Dentre elas, registramos a Campanha da Fraternidade Ecumênica, realizada com o CONIC, a cada cinco anos.

Mesmo com toda essa caminhada, os bispos afirmam no Documento 105 que "O ecumenismo e o diálogo inter-religioso avançam muito devagar. A mentalidade antiecumênica é muito forte [...]". O Papa Francisco tem como prioridade no seu pontificado o ecumenismo e o diálogo religioso, o que fica evidente em seus pronunciamentos e documentos, em particular no *Evangelii gaudium* e nas suas ações, quer em Roma ou nas inúmeras viagens pastorais. Tem conversado e feito visitas com várias Igrejas cristãs; com as Igrejas ortodoxas; com o Islamismo, com o Judaísmo e outras religiões. Tem dito que o diálogo teológico e eclesiológico é fundamental e deve continuar, mas o importante é verificar o que nos une, para um ecumenismo vivenciado no dia a dia, na cooperação, no diálogo, na oração conjunta, no testemunho, na missão e no ecumenismo de sangue.

Seguindo o que nos propõe Jesus no Evangelho, resgatando o que foi feito nesses 50 anos e andando nas trilhas do Papa Francisco: 1) urge que, onde essa dimensão da pastoral não existe ou é muito incipiente, ela seja assumida com coragem e que esteja na pauta dos responsáveis pela comunidade eclesial e de todos os seus membros; 2) que nas comunidades, dioceses e organismos que não realizam a Semana de Oração pela Unidade dos Cristãos, ela se torne uma prática, mesmo que aconteça apenas em nossa Igreja; 3) que a Campanha da Fraternidade Ecumênica, que trata de temas que afetam toda a sociedade, seja assumida por todas as Igrejas particulares, seus pastores e fiéis; 4) que a temática do ecumenismo e o diálogo inter-religioso sejam trabalhados em profundidade na formação dos presbíteros e leigos e leigas.

Na base, os cristãos leigos e leigas, informados e formados, podem no dia a dia enfrentar com outros cristãos e membros de outras religiões a miséria, o desemprego, a violência generalizada contra as crianças, os jovens, os idosos, defender os direitos fundamentais, na busca permanente da fraternidade e construção da sociedade justa e solidária. Essa vivência pode começar nas famílias, considerando que em boa parte delas há membros de diversas Igrejas e religiões.

Provocados pelo Ano do Laicato, possamos nas dioceses, nas CEBs, nas várias expressões laicais e entidades, motivar e animar essa dimensão do nosso ser cristão.

Hoje, "percebe-se a tendência de valorizar, exclusivamente ou quase, o serviço no interior da Igreja" por parte dos leigos e leigas. Uma presença "insuficiente, omissa" na sociedade (39 e 40). O profetismo "enfraquecido" (42). "Há resistências quanto à opção pelos pobres" (46)

Dentre os recuos está a ausência de maior parte dos cristãos leigos e leigas na sociedade como lugar de sua atuação, de sua vocação e missão. A necessidade dessa inserção nasce do seguimento de Jesus, de sua clara opção pelos pequenos, pobres e marginalizados (Mt 25,3-46), que nasce de nosso Batismo e pertença à comunidade eclesial. Algo que é claramente expresso nos documentos do concílio, das Conferências Episcopais da América Latina e da CNBB.

Ao mesmo tempo que vemos essa ausência na sociedade, o próprio Documento 105 fala de muitos leigos e leigas presentes nos diversos setores da sociedade, nos movimentos sociais e populares, sindicatos, na política e outros (33 e 34). É preciso registrar que o Concílio Vaticano II, depois Medellín, "nosso Concílio Latino-americano", levaram bispos, padres, religiosos e muitos leigos a se engajarem na construção de uma nova sociedade, na opção pelos pobres, mesmo vivendo na ditadura. Surgiram as CEBs, as pastorais sociais, vários organismos e entidades. Podemos registrar uma série de lutas em que muitos cristãos participaram e participam nos sindicatos, nas oposições sindicais na cidade e no campo; na política; na luta contra a ditadura, a tortura, na redemocratização do país e pela anistia; nos movimentos sociais; na constituinte de 1988; na luta contra a fome; nas associações de moradores; na luta pelos direitos, especialmente dos indígenas, dos negros, das mulheres, das crianças e jovens. Nesse caminhar, muitos cristãos colocaram suas vidas a serviço do Reino, doando suas vidas, inclusive no martírio.

Muitas dessas lutas permanecem hoje com novas ênfases e demandas e foram surgindo outros desafios em face de profundas mudanças na sociedade, das novas tecnologias, da crise das utopias. Citamos algumas: os migrantes; os refugiados; a questão ecológica; a família com seus diversos contornos, a questão de gênero; o consumismo; os vários conflitos bélicos; aumento da miséria, dos excluídos, do desemprego e financeirização da economia, o neoliberalismo e a concentração dos recursos nas mãos de uma pequena elite.

A Igreja continua no enfretamento desses problemas, mas, nas últimas décadas, a omissão e ausência dos cristãos na sociedade devem-se a fatores externos que apontamos anteriormente, bem como aos diversos catolicismos existentes em nossa Igreja, à retomada de uma eclesiologia centralizadora, rompendo de certa forma com uma Igreja povo de Deus, à acentuação do clericalismo, da formação oferecida aos leigos e presbíteros, recuperada de práticas passadas e intimistas. Temos uma Igreja voltada para si, autorreferencial. Como resposta para a inserção de toda a Igreja na sociedade, em particular dos leigos e leigas, o próprio Documento 105 apresenta discernimentos, pistas, caminhos, compromissos e uma convocação presente na conclusão.

O Ano do Laicato, sendo assumido como um ano de graça, será um momento importante para colocar os leigos e leigas em saída, assumindo o mundo como seu lugar de missão, como nos provoca Papa Francisco em seus documentos, atitudes e orientações.

A presença e ação de cristãos leigos e leigas, santos e santas

Os bispos no documento expressam esperança e gratidão pela presença de leigos e leigas, santos e santas. Jesus nos convida à santidade: "Sede santos como vosso Pai é santo" (Mt 5,48). O Concílio

Vaticano II retoma que todos os fiéis são chamados à santidade, conforme expressa a Constituição *Lumen gentium*, no 5º capítulo, "Vocação universal à santidade na Igreja".

Todos os cristãos são chamados ao seguimento de Jesus, à santidade, à "plenitude da vida cristã e à perfeição na caridade", na defesa da justiça e no desenvolvimento do amor. Muitos são reconhecidos como santos na sua comunidade, cidade, região, sem que haja um reconhecimento formal da instituição; outros doam sua vida no martírio, alguns são beatificados e canonizados.

Aqui fazemos memória de alguns poucos cristãos leigos e leigas no Brasil:

1. Mártires: *reconhecidos oficialmente*: o coroinha Adílio Daronch, 15 anos, nascido em Dom Francisco – RS, fuzilado em 1914 e beatificado em 2007; Albertina Berkenbrock nasceu em Imaruí – SC, foi violentada e degolada, em 1931, com 12 anos, e beatificada em 2007; Servo de Deus Franz de Castro Holzwarth, 42 anos, nasceu em Barra do Piraí (RJ), advogado, morou e trabalhou em Jacareí e São José dos Campos – SP, foi assassinado numa rebelião de presos em 1981, conhecido como mártir da Pastoral Carcerária; *reconhecidos pelo que fizeram, pelos seus amigos, comunidades e lutas:* Santo Dias da Silva, 37 anos, era operário metalúrgico, sindicalista e membro da Pastoral Operária da Arquidiocese de São Paulo, e foi morto pelo Polícia Militar durante uma greve em Santo Amaro, Zona Sul de São Paulo – em 1979, mártir pela luta operária; Alexandre Vannucchi Leme, 22 anos, nasceu em Sorocaba, estudante de Geologia da USP, de família católica, membro do movimento estudantil, foi preso, torturado e morreu no DOI-Codi – SP, em março de 1973 – em 30 de março de 1973, Dom Paulo Evaristo Arns celebrou missa na Catedral de São Paulo.

2. Pelo compromisso e testemunho de suas vidas: *reconhecidos oficialmente*: Beata Nhá Chica, Francisca de Paula de Jesus, 87 anos,

nasceu no distrito Santo Antonio do Rio das Mortes, de São João de Rey (MG), filha de escrava, ainda criança mudou-se para Baependi – MG, tinha devoção a Nossa Senhora da Conceição, atendia a todos, com cuidado especial aos pobres, morreu em 1895, foi beatificada em 4 de maio de 2013, e a Serva de Deus Ginneta Calliari, 83 anos, nasceu em Trento, na Itália, em 1918, chegou ao Brasil em 1959 e faleceu em Vargem Grande Paulista – SP, em 2001, foi cofundadora do Movimento Focolare, deu contribuição fundamental para tornar realidade no Brasil dois projetos do movimento: Economia de Comunhão e Movimento Político pela Unidade, criou pontes de diálogo com várias religiões. *Reconhecidos pelos seus amigos, comunidades e organismos:* Valdemar Rossi, 82 anos, casado, operário, sindicalista, foi da coordenação da JOC, ACO e da Pastoral Operária da Arquidiocese de São Paulo, foi preso e torturado; Plinio de Arruda Sampaio, 83 anos, morreu em 2014, casado, foi membro da JEC e JUC, advogado, foi deputado federal em 1962 e 1985, participou da Constituinte de 1988, foi candidato à presidência da República; o casal Hélio e Selma Amorim, ela faleceu no dia 4 de dezembro de 2012 e ele no dia 21 de maio de 2016, membros do Movimento Familiar Cristão – MFC, foram coordenadores do MFC em âmbito nacional e latino-americano e assumiram clara opção pelos pobres; Hélio foi membro do Conselho Mundial de Igrejas – CMI, membro fundador e primeiro presidente do Conselho Nacional dos Leigos – CNL, profissional coerente, comprometido com a ética e a democracia; Zilda Arns Neumann, 76 anos, nasceu em Forquilhinha – SC, em 1934, médica pediatra e sanitarista, morava em Curitiba – PR, criou a Pastoral da Criança e a Pastoral do Idoso, morreu em 2010, em Porto Príncipe, no terremoto em Haiti, onde foi apresentar a Pastoral da Criança.

X
"Sal da terra, luz do mundo"
(Mt 5,13-14)

Dom Pedro José Conti

A mensagem do Evangelho

Aprendi que, para entender melhor um versículo ou uma página do Evangelho, é sempre bom ler um pouco antes e também um pouco depois daquele trecho. Dessa maneira, não tiramos aquela frase do contexto do próprio Evangelho e não corremos o perigo de fazer-lhe dizer aquilo que talvez não queira dizer. Também acredito que os evangelistas não somente foram inspirados pelo Espírito Santo para nos ajudar a conhecer a verdade, mas se esforçaram por apresentar um pensamento lógico, razoável, e por isso mais fácil de ser entendido. A Palavra de Deus não pode ser tão complicada que, ao final, não se deixe acolher. Apesar das novas situações, dos séculos de história, das linguagens em contínua mudança, a "boa notícia" deve sempre prevalecer, deve ser "boa", alegre, luminosa e compreensível para os cristãos de todos os tempos.

Os versículos nos quais Jesus diz aos discípulos que eles são "o sal da terra" e "a luz do mundo" estão dentro do discurso do monte que ocupa bem três capítulos do Evangelho de Mateus. Eles são colocados logo após a proclamação das bem-aventuranças e, logo em seguida, a partir do versículo 17, Jesus começa a falar da "nova" justiça, a "justiça" do Reino. Agora não se trata mais de obedecer a uma Lei, talvez ao pé da letra, para ser "justos" perante Deus, sem envolvimento pessoal e sem coração. Toda a Lei e os profetas estão resumidos na única nova lei do amor. Por isso, "justiça" não significa mais simples cumprimento de normas, preceitos e costumes. "Justiça", para Jesus, é misericórdia e compaixão. É amor inventado e construído. Amor que surpreende, não condena, não discrimina, não julga. Amor doação, entrega, sacrifício. Amor que ama a todos porque confia na autoridade e no exemplo de Jesus que repete: "Eu vos digo!".

As palavras "sal da terra e luz do mundo" estão, portanto, entre a proclamação das bem-aventuranças do Reino de Deus e a "nova" justiça, sinal visível e inconfundível também do Reino que já chegou com Jesus. Dá, quase, para antecipar a conclusão da nossa reflexão. Ser "sal da terra e luz do mundo" significa contribuir, gastar a nossa vida de cristãos, para que a terra, o mundo, a história, a humanidade toda se transformem no Reino de Deus! "Para que Deus seja tudo em todos", diria São Paulo (1Cor 15,28).

As bem-aventuranças

Não é este lugar para comentar as bem-aventuranças. Muitos livros de insignes doutores, novos e antigos, foram escritos sobre o assunto. Essa página do Evangelho sempre será uma das mais refletidas e fonte de grandes decisões pessoais, de grupos e da Igreja inteira. De qualquer maneira, a grande questão das bem-aventuranças é o significado da própria palavra, ou seja, o que Jesus queria nos comunicar usando aquele termo. Se bem-aventurado significa "feliz", ou algo semelhante, as bem-aventuranças seriam, afinal, um projeto de felicidade, uma meta para dar um sentido grande e pleno à vida humana. Os cristãos, portanto, apesar da pobreza, das desavenças da vida e até das perseguições, seriam pessoas com um horizonte tão amplo que alcançariam uma existência rica, "feliz", porque, acima de tudo, ela seria vivida com uma dimensão mais do que material ou temporal, seria vivida com a medida grande do Reino e receberia a sua plena realização na participação da vida plena e eterna do próprio Deus. Nesse sentido entendemos a porta estreita para entrar neste Reino, o caminho árduo, como também o deixar, ou vender tudo para adquirir aquele tesouro inestimável. Dessa maneira também o Reino, que, afinal, é a própria vida divina doada aos homens, se tornaria ao mesmo tempo a meta e o prêmio a serem alcançados. As bem-aventuranças estariam, assim, entre o céu e a terra, acompanhando também a dinâmica do Reino, que é pequeno, quase invisível, mas está crescendo; sofre, mas vencerá; tem ainda imperfeições, mas chegará a hora do deslumbramento.

Ultimamente, porém, ouvi uma explicação das bem-aventuranças que chamou a minha atenção e me deixou intrigado. Segundo esse intérprete, o sentido originário da palavra que Jesus teria usado na língua daquele tempo, traduzida depois para o grego e mais tarde para o latim, não seria simplesmente a "felicidade", mas seria um incentivo à olhar para a frente, a caminhar, a colocar a mão na massa, tendo como meta o Reino a ser construído. A tradução seria do tipo: Avante, avante os pobres! Porque deles é o Reino do céu! Avante os perseguidos por causa da justiça, porque o Reino será a herança deles!

É uma leitura fascinante, dinâmica, um chamado a uma missão, algo desafiador, um convite claro a sair do comodismo e da rotina. Avante! Gostei disso e me deixei levar pela imaginação, sonhando longas filas de pobres de todas as cores e raças, não tristes nem abatidos, mas de cabeça erguida, desfraldando as suas bandeiras de luta, cantando, unidos, construindo uma nova humanidade resgatada de toda fome e miséria, de toda exploração e submissão. Nada de revolução, de armas ou destruição; só a dignidade, a esperança, a vontade grande de mudar, de ser felizes porque unidos, em paz, num mundo sorridente, habitantes de um planeta saudável, lindo, natural, sem os artifícios e as imitações da tecnologia. Avante! Jesus, que já foi chamado de "profeta de todas as causas justas", teria mesmo querido dizer algo semelhante quando proclamou as bem-aventuranças?

Mais do que aos doutores, deixo a resposta a cada batizado que já tenha tido a coragem e a paciência, que andam juntas, de refletir sobre essa página do Evangelho e que se tenha sentido incomodado, chamado em causa, desafiado a buscar não uma felicidade barata, à venda nos templos do consumo, mas uma alegria interior, misturada com as lágrimas da indignação, da impotência, mas nunca da resignação e da entrega. Talvez tenhamos que admitir que, preocupados para que não faltasse a ninguém a chance de entrar a fazer parte do Reino, ficamos discutindo muito sobre quem seriam os "pobres em espírito" e deixamos, assim, de estar mais junto aos pobres em carne e osso, aos deserdados, às "massas sobrantes", perdendo assim estes e aqueles. O Reino de Deus é o horizonte das bem-aventuranças, a sua meta, mas é também o nosso envolvimento, a plenitude da nossa felicidade; o Reino é dele, sim, mas também é o nosso (Oração Eucarística V). O Reino é do Deus-conosco, do Pai misericordioso com os pobres e pecadores, com as ovelhas desgarradas. Para lá os cobradores de impostos e as prostitutas irão à frente dos bem pensantes de ontem e de hoje. É algo que deve ser buscado por primeiro, porque o resto será dado por ele por acréscimo. Então, avante!

Sal da terra e luz do mundo

As imagens do sal e da luz falam por si mesmas, mas Jesus não deixa de explicar o seu sentido. O "sal" deve dar sabor, temperar. Quando perde o gosto, deixa de ser sal e não serve mais para nada. Sal que não salga é inútil, será jogado fora. As palavras de Jesus são de incentivo, de alerta e também de reprovação. Os cristãos têm a missão de dar um gosto novo à vida da inteira humanidade. Já entendemos que esse é o gosto do Reino, o gosto de Deus-Amor.

Também é evidente que, para poder salgar o sal, deve ser bem salgado, ou seja, deve ser sal em sua própria natureza e identidade. Esse é o primeiro passo, absolutamente necessário a cada cristão: antes de querer "salgar" os outros, deve estar consciente e feliz de ser sal, feliz do seu sabor, feliz por participar do projeto do Pai, porque já foi "alcançado" um dia por Jesus Cristo, como diria São Paulo. Sem a consciência clara de ser "sal da terra", testemunha e artífice do Reino, o cristão pode perder o seu sabor. Pode desviar o seu trabalho e o seu esforço para outras finalidades. Pode pensar de encontrar a alegria e o sentido de sua vida não mais nas bem-aventuranças e na busca da justiça do Reino, mas na vantagem pessoal, na afirmação e sucesso de si mesmo. Nenhum batizado é isento da tentação de sobressair, de ter poder, de confiar mais nos meios – considerados indispensáveis neste mundo – que na grandeza do Reino de Deus, dom sempre oferecido e recebido com humildade. Quantas vezes o "sal" se desvia pelo sabor amargo do individualismo, do isolamento, da disputa dentro e fora da Igreja, na ilusão de ter mais gosto de que os outros! Essa talvez seja a bem-aventurança dos puros de coração. Eles possuem a maravilhosa confiança dos que aos poucos, em qualquer lugar, com os seus pequenos gestos, fazem a vida mais feliz, mais sorridente, mais humana. Os mansos e os humildes também não têm segundas intenções, porque alimentam a sua alegria com a partilha simples e fraterna de suas lutas e esperanças.

O que disse, de simplicidade e pequenez, pode parecer o contrário daquilo que a imagem da luz apresenta. Com efeito, para ser "luz do mundo" o cristão não pode ficar escondido. Luz que se esconde é como uma luz apagada, deixa de ser luz, não clareia a mais ninguém, não cumpre a tarefa pela qual existe. Para entender melhor, lembramos as imagens do livro do Apocalipse, a "cidade santa" colocada sobre o monte espalha a luz do Cordeiro, ele é sol e lua, ele é a única luz necessária! No entanto, antigamente, os batizados eram chamados de "iluminados". Algo disso ficou ainda no rito do Batismo, sobretudo na hora de acender a vela com a chama do Círio Pascal. O cristão é chamado a espalhar a luz de Cristo. Será também luz somente se se deixar iluminar pelo Senhor e, assim, poderá iluminar a outros.

Se, numa noite, olharmos ao nosso redor, onde mais tem iluminação e onde mais ela falta? Os centros enfeitados das cidades, os centros luxuosos do comércio e dos negócios do mundo, brilham sem medo de gastar energia. As ruas sombrias, na penumbra ou na escuridão, estão nas periferias. Os homens poderosos decidem o que deve brilhar e o que deve ficar escondido. Bem sabemos o que deve ficar escondido: a pobreza, a marginalização, a vida precária dos moradores de rua. Os cristãos também são fascinados pelos holofotes, como se a luz exterior compensasse a escuridão interior, como se as aparências fossem a verdade e a vida fosse uma apresentação cenográfica de efeitos especiais. A luz do espetáculo da vida deve ser só para os protagonistas! Os outros são meros espectadores e, por isso, ficam na sombra. O ser luz dos cristãos é diferente. É a consequência da compaixão que tem por dentro, do amor que os empele a assumir compromissos, a não fugir, a não se esconder, a não delegar a outros a missão própria e inalienável: ser luz do Reino, ser reflexo da luz de Deus. O seu amor luminoso é como a luz do sol: alcança todas as casas, também as casas dos pobres! Assim também deveria ser a luz dos cristãos, onde chega sempre afugenta as trevas do mal e da morte.

A justiça do Reino

Continuamos agora com a leitura dos versículos seguintes às palavras de Jesus sobre as quais estamos refletindo. Espero que tenha ficado claro que ser sal da terra e luz do mundo, para todos os cristãos, significa comprometer as suas vidas com a causa do Reino. Esse deve ser o pano de fundo, a meta e ao mesmo tempo a motivação de todo o agir cristão. Estar a serviço do Reino é a missão que Jesus nos entregou, porque essa também foi a missão que o Pai lhe confiou: um Reino que começa neste mundo, também, se não é deste mundo, é porque é "de Deus" e não um qualquer reino humano, por atraente, grande e poderoso que seja. Todos os reinos humanos passaram, e os que virão também hão de passar; o Reino de Deus não passará, porque é "Reino eterno e universal: Reino da verdade e da vida, Reino da santidade e da graça, Reino da justiça do amor e da paz" (prefácio da Festa de Cristo Rei). Um Reino que somente Deus pode entregar como dom acabado do seu amor sem limites.

Jesus, me parece, quis também nos ajudar a ser práticos. Com efeito, não devemos fazer do Reino algo de tão imaginário e utópico que, afinal, fuja da realidade e dos seus possíveis e históricos germes e sinais visíveis e experimentáveis. Sem algo de concreto, o Reino pode deixar de ser interessante e corre o perigo de ser trocado por metas aparentemente mais fáceis e prosaicas. Esse seria, a meu ver, o tema da justiça do Reino. Jesus retoma alguns dos mandamentos da Lei dada a Moisés, as Dez Palavras. Aponta, porém, para um horizonte maior, para uma maneira de viver esses mandamentos, antigos, à luz do novo mandamento que ele mesmo representa e testemunha: o grande mandamento do amor, de fato um único mandamento do qual ele é o exemplo. O amor a Deus está entrelaçado com o amor ao próximo e este amor ao próximo é radical porque expressão do amor sem limites do próprio Deus. Parece-me que as propostas da nova justiça do Reino, maior que aquela dos escribas e dos fariseus e condição para entrar no Reino de Deus (Mt 5,20), nos apresentem quatro âmbitos de missão. É justamente lá que os cristãos devem ser sal e luz.

A vida

O primeiro "lugar", se assim podemos chamá-lo, onde se manifesta a novidade da justiça do Reino é a própria vida em contraposição com as situações de morte. Vida para as pessoas excluídas, vida para todos os povos e as suas culturas, vida para a natureza reduzida a instrumento de lucro e poder. Vida e qualidade de vida, com direitos respeitados e dignidade reconhecida para todos. Sabemos que o poder e a ganância matam, mas hoje entendemos que também a indiferença, o desinteresse e a não participação podem matar. Somos mais responsáveis do que pensamos pelos males que acontecem na história humana. O cristão não pode simplesmente dizer que nunca matou, e, sim, deve se questionar sobre o que fez e faz para defender e promover a vida. Também já percebemos que estamos mais interligados do que pensamos. Nenhum muro pode nos salvar do ar poluído porque todos precisamos respirar, se quisermos sobreviver; nenhuma segurança pode nos salvar da inveja, da corrupção, da mentira e das falsas necessidades porque elas entram pelas conversas, pelas mensagens trocadas, pelos noticiários e pelos sorrisos brilhantes da propaganda. Nenhum dinheiro poderá prolongar a nossa existência biológica. Somente a fé no Cristo ressuscitado e na ressurreição por ele proclamada pode nos abrir horizontes de uma vida nova, mais forte do que a morte.

A família

A vida real passa pela família por pequena, simples e pobre que seja. Todos somos gerados por outros; somos acolhidos, alimentados e educados por outros. Grande graça é uma família amorosa, com defeitos e limitações, mas capaz de nos ajudar a confiar uns nos outros. Na família aprendemos a partilhar, a reconhecer que há outras pessoas com os mesmos direitos e deveres, que é melhor nos ajudar que ficar nos degladiando o tempo todo. Em toda e qualquer família, aprendemos a agradecer pelo carinho e o afeto; aprendemos a colaborar, a unir as forças. A família não pode desistir de ser o pequeno reduto onde crescemos como seres humanos, porque é em família que choramos e sorrimos juntos, é lá que descobrimos a maravilha da gratuidade. Tudo o que desune, tudo o que destrói os laços familiares mata a esperança de relações mais fraternas, acaba com o anseio de um mundo melhor, faz de nós pessoas frias e calculistas. A origem de muita violência e desumanização, de desequilíbrios psicológicos e afetivos, está, muitas vezes, em famílias improvisadas, famílias com a triste experiência do abandono e da traição. Muito grande é a missão da família cristã; exige tempo, dedicação, entrega, doação. Mas vale a pena, não irão faltar bons frutos.

A verdade

A verdade vive hoje tempos difíceis. Vivemos um paradoxo. De um lado, estamos inclinados a acolher qualquer informação como verdadeira, pelo simples fato de que está circulando nas redes sociais ou nos meios de comunicação. Damos voto de confiança a quem nunca vimos e que, talvez, nunca vamos encontrar e conhecer. De outro lado, desconfiamos de pais e educadores. Defendemos a nossa opinião contra pessoas conhecidas e estamos dispostos a mudar de ideia por causa de uma mensagem que chega, sem sabermos bem de onde e de quem. Os cientistas nos dizem que o planeta virou uma grande aldeia fofoqueira, onde toda notícia circula tão rapidamente que logo é esquecida, pouco importa se fala de milhares de migrantes afogados no mar, de milhões de seres humanos que morrem de fome ou do último filme de guerras intergalácticas, fruto de pura imaginação e fantaciência. Também no que diz respeito à fé, confundimos, muitas vezes, informação com formação. Estão nos faltando convicções sólidas, capazes de iluminar e interpretar os acontecimentos sempre imprevisíveis da vida. Hoje, verdades parciais ou mesmo mentiras são apresentadas de forma tão cativante que funcionam como drogas: iludem, criam um mundo fantástico, falso e alienante. Somente a verdade autêntica liberta, enaltece o coração humano, faz o homem conhecedor da sua realidade mais profunda, limitado e pequeno em sua condição temporal, mas grande no seu valor e destino eternos.

A fraternidade

A justiça do Reino constrói uma nova fraternidade, cria comunhão e não antagonismos e conflitos. O amor misericordioso de Deus Pai faz resplendecer o sol sobre os bons e os maus e a chuva cai sobre justos e injustos (Mt 5,45). Não é um igualitarismo sem distinções, mas a certeza de sermos filhos daquele Pai, à imagem do qual fomos criados. Só a fraternidade, a acolhida, o caminhar junto superam os ódios, as separações, os julgamentos e as consequentes exclusões. Fica claro que estamos falhando quando dividimos o mundo em certos e errados, em pessoas que merecem ser amadas e outras que devem ser repudiadas, odiadas, apagadas da nossa memória. Essa é a tentação de sempre, aquela de criar "partidos", contraposições, inimigos, para distinguir os que estão a nosso favor e os que estão contra nós. Para o nosso Deus, que é Pai e Mãe, todos somos filhos amados. Podem existir filhos mais carinhosos, mas nem por isso privilegiados; filhos afastados, mas nunca esquecidos; filhos errados, mas, por causa disso, ainda mais procurados e aguardados.

Temperar e iluminar o mundo

Temos dúvidas ainda sobre a grandeza da missão à qual Jesus chama os seus seguidores? Com ele somos enviados a colaborar na construção do Reino de Deus, lá nos lugares onde a vida nos colocou e com as pessoas que caminham conosco neste momento da história da qual participamos. Não haverá outra possibilidade para nós. Cada batizado deve ser sal da terra no chão que pisa, na cidade que habita, na família que constrói, no trabalho que exerce, na verdade que defende e anuncia. Sal nas coisas grandes e pequenas, nos serviços que aparecem e naqueles que nunca serão reconhecidos. Sempre com gosto, entusiasmo contagiante, alegria serena. Sal que não deixa de salgar os desgostos, as amarguras, as decepções e os fracassos. Sal sempre, dentro e fora da comunidade-Igreja. Feliz de pertencer à grande família do Pai, irmão e irmã de todos, solidário, amigo. Sal que nunca perde o gosto, sal bom, sempre sal, simplesmente verdadeiro sal.

Cada batizado deve ser luz do mundo, a começar pelo mundo pequeno, mas real e concreto do seu bairro, para os vizinhos que cumprimenta todo dia e para os anônimos que cruza pelas ruas, no trânsito ou no metrô. Luz para os seus familiares: marido, esposa, filhos; quando buscam respostas às questões existenciais, mesmo que não as formulem com palavras e as manifestem com a revolta, a oposição, a arrogância e a solidão da adolescência e da juventude. Luz para os colegas de profissão, na administração das coisas dos outros, públicas ou particulares. Luz para os companheiros de luta, na política, no sindicato, nos conselhos, nos movimentos e organizações populares, na hora do voto. Luz para os pequenos, os fracos, os esquecidos, os que dependem da sua caridade. Luz na sua comunidade-Igreja, quando ninguém quer assumir as tarefas mais pesadas, quando o medo de não dar certo inibe a imaginação e leva à acomodação do "sempre foi feito assim". Luz que se alimenta da Palavra de Deus, da Eucaristia, aprende com os exemplos bons e sabe aproveitar também as fraquezas próprias e dos outros. Luz que não tem medo das mudanças, da desistência de amigos, da troca de cargos e de responsabilidades. Luz pequena, mas sempre resplandecente; humilde, mas firme e resistente. Luz viva. Luz, simplesmente verdadeira luz.

Cristãos leigos e leigas na Igreja e na sociedade

Não falei tanto de "leigos e leigas", mas sim de cristãos. Ser "sal da terra e luz do mundo" é para todo e qualquer batizado, antes do ministério, cargo, tarefa ou responsabilidade de cada um. No entanto, pelos exemplos que dei, espero que tenha ficado evidente que certos lugares e ambientes, certas situações de vida são mais específicas dos leigos e das leigas. São eles e elas que superam distâncias curtas geograficamente, mas gigantescas humanamente. Eles e elas abrem as portas fechadas de casas de ricos e pobres e, juntos, abrem também as portas dos corações daqueles que as trancaram. Os leigos e as leigas são o Cristo vivo que chega a qualquer lugar, o Evangelho que consola, cura e enxuga as lágrimas, a Igreja que acolhe e abraça.

Não falei tanto dos cristãos leigos e leigas – ou falei? – porque sonho com uma Igreja-comunhão, uma Igreja onde a união seja tão forte que ninguém sinta medo de ficar isolado ou abandonado. Uma Igreja onde o limiar entre o "dentro e o "fora" não seja demarcado por tantas regras e preconceitos. Uma Igreja "fora" de si porque "dentro" do mundo, no meio dos pobres, sempre samaritana. Um mundo "aberto" na busca sincera de Jesus. Um mundo questionando a Igreja e as suas organizações, cobrando que ela seja "germe e sinal do Reino". Um mundo, enfim, também "fora" de si, sedento de luz sobre a vida e a morte, sobre o bem e o mal, desejoso de entender o sentido da história grande e dos acontecimentos pequenos, dos amores e desamores da humanidade. Uma Igreja toda, então, "sal da terra e luz do mundo".

Sonho que qualquer mesa de trabalho dos cristãos se torne um altar, onde é oferecido o Pão da Vida, empastado com o suor do trabalho, com as lágrimas dos doentes, com os suspiros dos pais e das mães, os risos das crianças, a criatividade da juventude e a sabedoria dos anciãos. Sonho com cristãos leigos e leigas felizes com sua vocação, convencidos do seu valor, agradecidos pela missão a eles e a elas confiada pelo Senhor Jesus. Cristãos leigos e leigas construtores do Reino, "sal" que nunca perde o gosto do bem e "luz" amorosa que nunca se apaga. Como disse Jesus: "Assim também brilhe a vossa luz diante das pessoas para que vejam as vossas boas obras e louvem o vosso Pai que está no céu" (Mt 5,16).

Impresso na gráfica da
Pia Sociedade Filhas de São Paulo
Via Raposo Tavares, km 19,145
05577-300 - São Paulo, SP - Brasil - 2017